JN099228

金利が上がっても、

住宅ローンは「変動」で借りなさい

住宅ローンアナリスト
塩澤崇

ダイヤモンド社

はじめに

マイナス金利解除に不安を感じているあなたへ

はじめまして、住宅ローンアナリストの塩澤崇です。

家を買うとき、住宅ローンは欠かせないものですが、ほぼ100%の人が「お金を借りる」ということにネガティブな印象を持ちます。

「数千万円（数億円？）もの重圧がのしかかる……」

「金利が上昇したら35年後まで返済できるか心配」

「できれば借金なんてしたくない」

あなたもこういった感覚を心のどこかに抱いているのではないでしょうか？

住宅ローンを借りると、借りた元本を返すだけでなく、「金利」という馴染みのないものが上乗せされ、しかも変動金利であればその金利が上下するわけですから、不安を感じるのは仕方がないことです。

でも実は、きちんと理屈を立てて考えると、**「住宅ローンは宝の山」**ということがわかってきます。

「長期返済で高額の借金なのにお宝のワケないじゃん！」とツッコミを入れたくなるでしょうが、逆です。「長期返済で高額の借金」だからこそ、メリットがたくさんあるのです。意外ですよね？

自己紹介が遅れましたが、私は現在、ＡＩを活用した住宅ローン比較診断サービス「モゲチェック」を運営する株式会社ＭＦＳで取締役ＣＯＯを務めています。モゲチェックは一人ひとりにとって最適な住宅ローン選びに役立つ情報を提供し、ローンに申し込めるサービスで、これまでに累計20万名以上の方にご利用いただきました。

また、私は住宅ローンアナリストとしてYouTube「住宅ローンアナリスト塩澤」やX（旧Twitter、アカウント名「モゲチェック塩澤」）で住宅ローン情報を発信しており、「モゲ澤」と呼ばれることも多いです。

今の仕事をする前は、モルガン・スタンレー証券（現 モルガン・スタンレーＭＵＦＧ証券）で住宅ローン証券化のキャリアを積み、地方銀行と提携して住宅ローンの新商品開発を行っていました。また、ボストン・コンサルティング・グループでは金融機関を中心に戦略コンサルティングを行い、リテール事業戦略や海外進出などのアドバイスを手がけてきました。

このように、長らく住宅ローン市場および戦略立案の世界に関わってきた私は、住宅ローンをこれから借りようとする方や、借り換えを検討している方など、多くの方からご質問やご相談をいただきます。やはり「家は人生に一度の買い物」といわれるだけあり、住宅ローンの借入れ方や今後の金利見通しなど、「そもそも、住宅ローンとどのように向き合うのがいいのか？」ということに悩んでいる人はかなり多いです。

にもかかわらず、そうした悩みに対して結論をロジカルに示してくれる有識者はほとんどいません。

本についても同様で、住宅ローンの全体像を踏まえて解説する戦略本はなく、「住宅ローンといえばこの本！」という決定版は私の知る限り見当たりません。どちらかというと、住宅ローンの細かい商品内容や申し込み方などを解説した実務本が多い状況です。

また、ウェブメディアなどでは「固定金利と変動金利のどっちがいい？」といったテーマが取り上げられることがありますが、最後まで読んでも「で、結局どっちなの⁉」と思うことがほとんどです。たまに結論を出してくれている記事もありますが、根拠が曖昧で腹落ちしません。

そんな状況にフラストレーションが溜まっていたことが、私がYouTubeなどで情報発信しようと思ったきっかけになりました。

私が情報発信をするときに心がけているのは、「定量的な理由をきちんと添えて、ロジカルに結論を示す」ということ。なぜなら、そうしなければ本当の意味で読者に納得感を得てもらえないと考えているからです。

そこでこの本でも、あくまでもロジカルに徹し、まるごと一冊を使って住宅ローンについて解説し、ほとんどの人が知らない住宅ローンの本質をお伝えしたいと思います。いわば、個人が賢く住宅ローンを活用するための**住宅ローン戦略本**です。

そして、日本の多くの方が抱いている住宅ローンのネガティブな印象を、「借りているって実はすごいことじゃん！」とポジティブに変えることが最終的な目標です。

「持ち家と賃貸はどっちがお得？」といった昔から議論されるテーマや、最近とくに話題の「変動金利と固定金利、どちらがいいの？」「変動金利でちゃんと完済できるかな？」「固定金利に借り換えたほうがいいの？」にもばっちり回答していますから、気になるところから読んでいただいてもかまいません。

また、インフレ時代の家計戦略や住宅ローンと絡めた資産形成、および住宅ローンの大きなメリットである団体信用生命保険などに一通り触れていきますので、効率的に金融リテラシーを高めることができます。

モヤモヤしている頭の中が、この本を読み進めていくと徐々にクリアになり、世界の見え方が変わるような発見がたくさんある、そんなワクワクする内容にしていますので、ぜひ気軽に読み進めてください。

最後に、お断りをしておきます。

私はこの本の中で、単に情報を整理するだけでなく、「私ならこうする」というスタンスをはっきり示しています。

そのため、私に同意される方もいれば、そうではない方もいらっしゃるでしょう。私はそれでいいと思っています。

本書の内容に同意できるのであれば、「私の考え＝あなたの考え」。同意できないと思われるのであれば、私とは逆の意見（もしくは第3のアイディア）があなたの考えです。

私は「住宅ローンを借りるなら変動金利」と考えており、その根拠を本の中で書いていますが、「モゲ澤の意見に納得できないから、固定金利を選ぶ」と考える人がいてもいいと思っています。最後はその人の判断ですから。

いずれにしても、この本はご自身の考えを整理し、形作るのにきっと役立つはずです。

そして、この本をいわば〝踏み絵〟として使っていただきたいと思っています。

自分の中にロジックをもつ人は強いです。

今、住宅ローン金利をめぐる状況はめまぐるしく変化しようとしています。

日本銀行（以下、日銀）の総裁が黒田東彦《はるひこ》氏から植田和男氏に代わり、以前のような金利見通しの立ちやすいイージーゲームの時代は終わろうとしています。日本経済全体の先行きも、明るさがある中で不透明感が漂っている状況です。ニュースで「マイナス金利解除」といった言葉が出るたびに不安を感じ、少し前とは何かが変わりつつあると肌で感じている方もいらっしゃるでしょう。

そんな時代の変わり目だからこそ、自分の頭で「最適な方法はなにか」を考えることが非常に大切です。そして、この本を読んで、「私は変動がいいと思う。理由は〇〇」「××だから、固定を選ぶ」とご自身の意見が明確になる人が一人でも増えることを願っています。

住宅ローンをこれから借りる方はもちろん、現在返済中の方も、ぜひこの本をお役立てください。あなたの貴重なお金と時間を決して無駄にはさせません。

株式会社ＭＦＳ（住宅ローン比較診断サービス「モゲチェック」運営）取締役ＣＯＯ
塩澤　崇

本書の効能

●そもそも家を買うかどうかを迷っている人
↓なぜ家を買ったほうがいいのか、
物件はどういったものを選ぶべきかがわかります。

●これから家を買う予定の人
↓現金ではなく住宅ローンを組んで家を買ったほうが
お得だという理由が明確になり、自分のライフプランに合った
最適な住宅ローンを選べるようになります。

●すでに住宅ローンを組んでいる人
↓資産運用や借り換えなど、
家計をより強くそして楽にする方法が学べます。

●借りている住宅ローンが変動金利なので不安を感じている人
↓変動が固定よりも有利であることが理解でき、必要な備えも明確に
なります。

目次

第3章 住宅ローンの一番お得な借り方・返し方

第4章 金利の仕組みと将来の見通し

第5章 金利が上がっても、住宅ローンは「変動が有利」といえるわけ

第6章 ローン返済中なら一度は考えるべき「借り換え」とは？

第7章 これだけは知っておきたい！　住宅ローンのよくある疑問を解決

第8章 どの銀行がおすすめ?

第1章

新時代のお金の常識

デフレからインフレになるとはどういうこと？

この本でお伝えするとくに重要なことを、最初に書いてしまいます。

「賃貸よりも持ち家が有利」
「住宅ローンを借りるなら、固定金利よりも変動金利が有利」
「借入期間はできるだけ長くする」
「繰上返済や頭金はＮＧ」

これらの意見の根拠はこの本全体を通してお伝えしていきますが、まずこの章では、そもそも「住宅ローンで家を買う」ということが、なぜ合理的なのかをわかりやすくご説明しますね。

これからの日本経済を見据えると、今はまさに「デフレからインフレへの転換点」という変化の真っ只中にあります。このことを理解すれば、少なくとも「家を買うべき？」という疑問は解決できるはずです。

それでは、まずはこれまで私たちが過ごしてきた「デフレ時代」を簡単に振り返っておきましょう。

日本は、「失われた30年」といわれるように、1991年のバブル崩壊から約30年にわたってデフレが続きました。デフレとは物価がどんどん下がることですから、企業の売上が減少し、賃金が上がらなかったり設備投資ができなかったりするなど、いわゆる不景気の状態です。

そこで日本政府および日銀は物価を上げようと長らく取り組んできましたが、なかなかデフレを跳ね返すことができず、ようやく2022年ごろから潮目が変わってきました。

昨今はニュースで物価上昇が取り上げられていますし、普段の買い物でも値上げを感じる人は増えてきたのではないでしょうか。景気を判断するために用いられる消費者物価指数は2022年半ばから3%台に上昇し、2023年6月には生鮮食品を除く食料品の上昇率が約47年ぶりの高水準になったことが話題になりました。

これは、日本経済がデフレを脱し、「インフレ」に向かっていることの現れです。日本政府が長年目指してきたインフレの芽がようやく出てきたところであり、また、景気が過熱しているわけではないことを踏まえると、今後は**「緩やかなインフレ」**が基本になると考えられます。

インフレが起きれば日本社会が悩まされていた不景気を抜け出せる一つのきっかけにな

りますから、ポジティブな変化といえますが、ここでひとつ注意したいことがあります。

それは、「インフレ＝物価上昇」であり「インフレ＝お金の価値が下がる」でもある、ということです。

イメージしづらいと思いますので、具体的な例で説明しましょう。

たとえば、昨年のバナナの価格が1房100円で、それが今年は150円に値上がりしたとします。

このとき、バナナ1房そのものが持つ価値は変わっていないのに、今年は100円でバナナを買えません。その理由は、お金の価値が3分の2になってしまっており、同じバナナ1房を買うのにより多くのお金が必要になるからです。

バナナくらいであれば大きな影響はありませんが、家を買う人にとってはインフレの影響は大変なものになります。

同じようにインフレでお金の価値が3分の2になったら、もともとは4000万円のマンションが、6000万円を払わなければ買えなくなります。早めに4000万円で買えていた人にとっては、「安く買えてラッキー」ということになりますが、現金を握りしめていた人は「もっと早く買っておけばよかった」となりますよね。

このようにインフレの時代になると、現金の価値はどんどん下がっていきますから、

「できるだけ早く資産を買う」ということが基本戦略になっていきます。

とはいえ住宅を一括で買える人はそんなにいませんから、そこで登場するのが住宅ローンです。住宅ローンを使っていち早く家を買えば、後で買うよりも安く手に入れることができます。

そして、「インフレ＝不動産の価格が上がる」に加えて、「インフレで借金の実質的な負担が軽減される」ということも押さえておきたいポイントです。

「え？　インフレで借金が軽減されるとはどういうこと？」と疑問に思う方がいるかもしれませんね。わかりやすい例として、昭和30年の10万円の借金は相当な額（おそらく現在の価値で約100万円）ですが、インフレが進んだ今、10万円は返済できないほどの額ではないはずです。このようにお金の価値が下がると、借金の実質的負担も軽減されるため、**インフレ時代こそ住宅ローンを借りるべき**といえます。

このことをマイホーム購入事例に当てはめて考えてみましょう。たとえば4000万円の物件を4000万円の住宅ローンで買う、いわゆるフルローン状態で買ったとしましょう。この場合、手に入れた物件の価値と、住宅ローンが同じ金額なので、「自宅の価値」から「住宅ローン」を差し引くとプラスマイナスゼロになります。

図１：インフレ時の不動産価格と住宅ローン

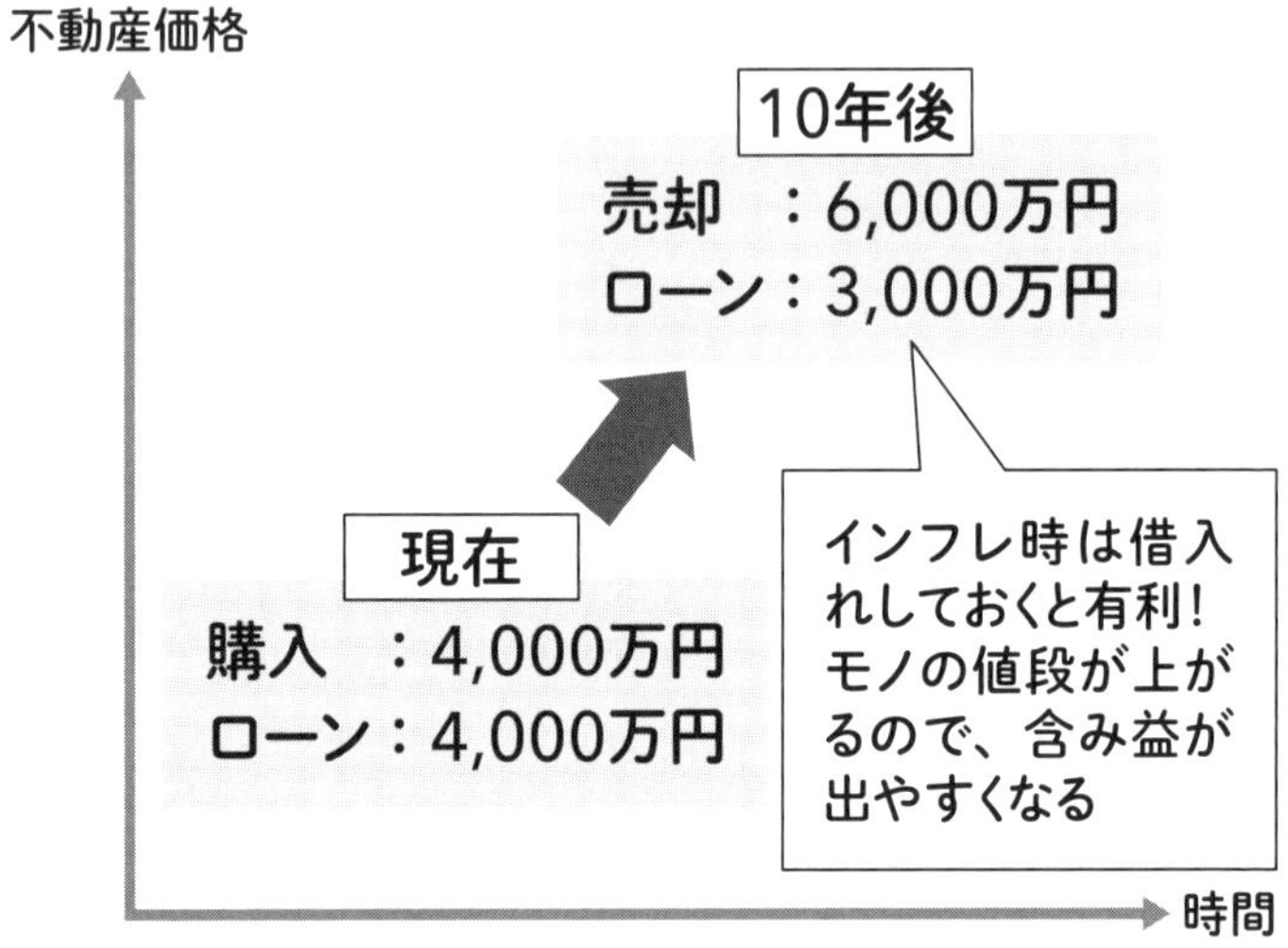

出所：筆者作成

　もしもこの物件が10年後にインフレで6000万円に値上がりして、住宅ローンは返済を続けて残債が3000万円に減っていたらどうなるでしょうか。実際に10年後にどの程度インフレが起きているかは未知数ではありますが、可能性としてはあり得ます。

　この状態で家を売れば、ローンを完済しても3000万円ほどのお金が手元に残る形になりますよね（図1）。

　このように、インフレ時代は買ったモノの価格がどんどん上がっていく一方で、借り入れた元本は返済とともに減りますし、インフレでその実質的な金銭負担も減少しますから、住宅ローンを組んで家を持つことは非常に有利です。さらには、後の章で詳しく解説しますが、「低金利の変動金利」で住宅ローンを組めば、資産運用のメリットも受けることができます。

不動産と金利は表裏一体

インフレで不動産価格が上がることをお伝えしましたが、「金利」の動きも不動産価格と密接に関わっています。

ニュースを見ていると、住宅ローンの金利が上がった、米国の長期金利が下がった……というように、金利の動向についてよく報道されていますよね。

ここで質問ですが、金利とは一体何なのか、皆さんは説明することができますか？

経済にとって金利は重要だからニュースに取り上げられるのですが、いざ何なのかといわれると、「金利って何？」と思う方もいるでしょう。

この金利が不動産価格や住宅ローンに深く関係しているので、できるだけ噛み砕いて説明していきたいと思います。

金利とはなにか。ひと言でわかりやすくいえば、「お金を借りるためのコスト」のことです。

表現を変えれば、「お金が今どれくらい必要とされているか」を示す尺度ともいえます。お金の人気が高まれば借りるための金利は上がり、そうでなければ下がっていきます。

もっと簡単にいえば、金利は「お金の値段」みたいなものです。

モノの価格は需給で変動する性質があることを知っている方は多いと思います。たとえば、リンゴが1個100円で売っていたとしましょう。みんながリンゴをほしいと思えば値段は上がり、1個250円に跳ね上がるかもしれません。逆にみんながリンゴはいらないと思えば、1個50円に下がっていきます。

これと同じことがお金についてもいえます。みんながお金をほしい（借りたい）と思う状況では、借りるためのコスト（金利）は上がります。逆に、みんながお金はいらない（借りるつもりがない）と考えるなら金利は下がり、場合によってはマイナス金利になったりもします。

ここからいえるのは、高金利の経済というのはみんながお金を欲している状態（お金を借りて何かをしたいという状態）なので、経済活動としては活発で好景気です。逆に低金利の状態にあるときは、みんながお金を必要としていないということなので、経済は風邪気味というイメージを持ってもらえればと思います。

すなわち、**「金利は経済の体温計（バロメーター）」**だといえます。日本の場合、長らく不景気であり、低金利の時代が続いていました。

この金利と不動産価格がどう関わってくるかというと、基本的には次のような影響があります。

金利が上昇 ↓ 不動産価格は下がる
金利が下落 ↓ 不動産価格は上がる

このような関係になるのは、端的にいえば、「金利が下がる=住宅ローンをより多く借りても、毎月返済額が変わらない」からです。

たとえば2010年ごろの変動金利は1％程度でしたが、この金利で35年返済で5000万円を借りようとすると毎月の返済額は約14万円になります。

それが今は変動金利が0・3％程度になっていて、この金利であれば、同じ毎月約14万円の返済額で約5700万円を借りられます。このように、低金利になるということは、より多くのお金を借りられ、結果的に不動産価格を押し上げるのです。目安ですが、**1％の金利下落で不動産価格は約20％上がる**と考えてください。

国土交通省の不動産価格指数を見てみると、日本では低金利の時代に徐々に不動産価格

図2：不動産価格指数（全国、2010年平均を100）

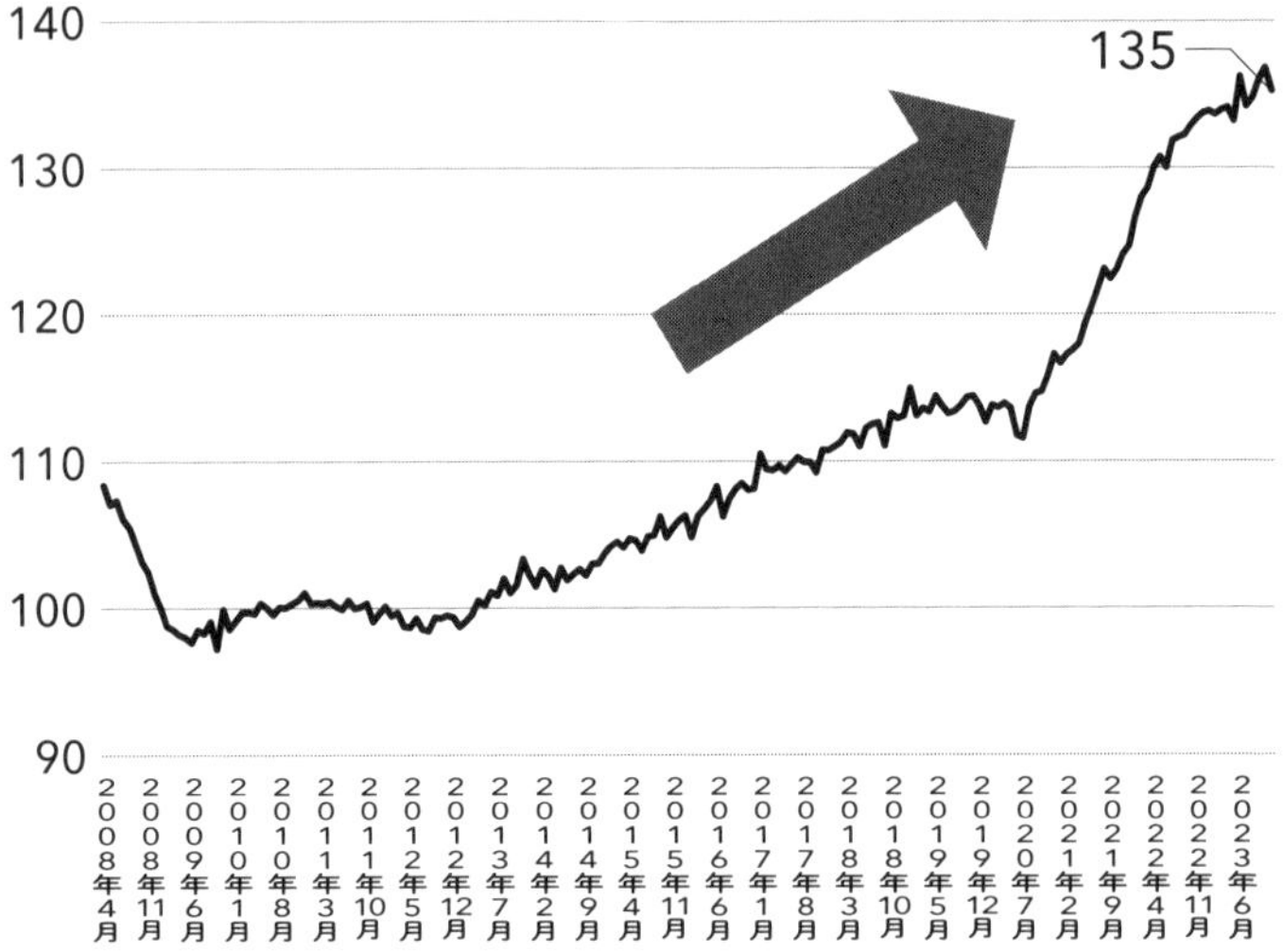

出所：国土交通省

が上がっていることがわかります。図２にある通り２０１２年頃から上昇基調にあり、とくに２０２１年ごろから急上昇してきました。２０１０年を１００とすると、２０２３年は１３５と高水準になっています。

　これに加えて、近年は「共働き世帯の増加」が不動産価格の上昇に拍車をかけている状況です。モゲチェックユーザーを以前分析したことがあるのですが、20代の４割近くの世帯がペアローンや連帯保証で借りているのです。共働きで収入が２馬力分になれば、より多くのお金を借りることができますよね。

　低金利の今、ただでさえ住宅ローン

を多く借りやすいため、2馬力になるとさらに高額な不動産でも購入できるようになります。そして、今後も共働きがより一般化していくことが予想されますから、不動産価格を下支えすると考えられるわけです。

このように低金利が不動産価格を上げていることを知ると、「今後景気がよくなって金利が上がれば、不動産が値下がりするのでは？」と思われたかもしれません。

たしかに、先ほどの計算の通り、金利1％の変動で不動産価格は20％近く動く計算になりますから、金利が2～3％上昇して不動産価格が暴落するかもしれないと思うと、家を買うのを躊躇したくなりますよね。

でも、そうした事態は起きないと私は考えています。たしかに日本はインフレに向かい不景気を抜け出しつつあるため、金利は徐々に上がる可能性はあるものの、大幅な上昇はないでしょう。そのことを理解するには、金利をコントロールしている日銀の動向と民間銀行の競争環境を知る必要があるので、第4章でお伝えします。

今の時点では、「金利が上がると不動産価格が下がり、金利が下がると不動産価格が上がる」「緩やかなインフレになることに加え、マイナス金利が解除されたとはいえ、依然として低金利であり、家を買うのは有利」ということをぜひ覚えておいてください。

人口減少の時代でも値上がりする不動産

ここまでの説明から、「緩やかなインフレ」と「低金利」が、日本の不動産価格を上げる要素になることがおわかりいただけたでしょうか？

でも、「日本は人口が減るから、不動産の価格は下がるのでは？」と心配している人もきっといらっしゃるでしょう。その疑問はもっともです。

多くの人が知るように、今後、日本の都市部を除く地方では若者が減り、働き手がいなくなることが予想されます。日本全体として見れば人口減少時代の真っ只中にあり、2100年の人口は現在の半分以下になるという予測まであるくらいです。図3の通り、もはや、**平成までと令和以降は別の国**と考えたほうがいいでしょう。

人がいなくなれば、これまでにあった生活に必要なサービスを受けられなくなるおそれがあります。実際、地方では採算が合わない鉄道路線が廃線になったり、病院がなくなったりといった問題が起きていますから、ますます地方から人が離れていくでしょう。

すると、不動産の価格は落ちていきます。たとえば千葉市緑区に通称「チバリーヒルズ」と呼ばれるバブル期にできた分譲住宅地があります。販売当初は1軒あたり5億〜15億円ほどで売買されていたようですが、バブルが崩壊して今や1億円ほど。買った物件に

図3：人口の半減が予想される

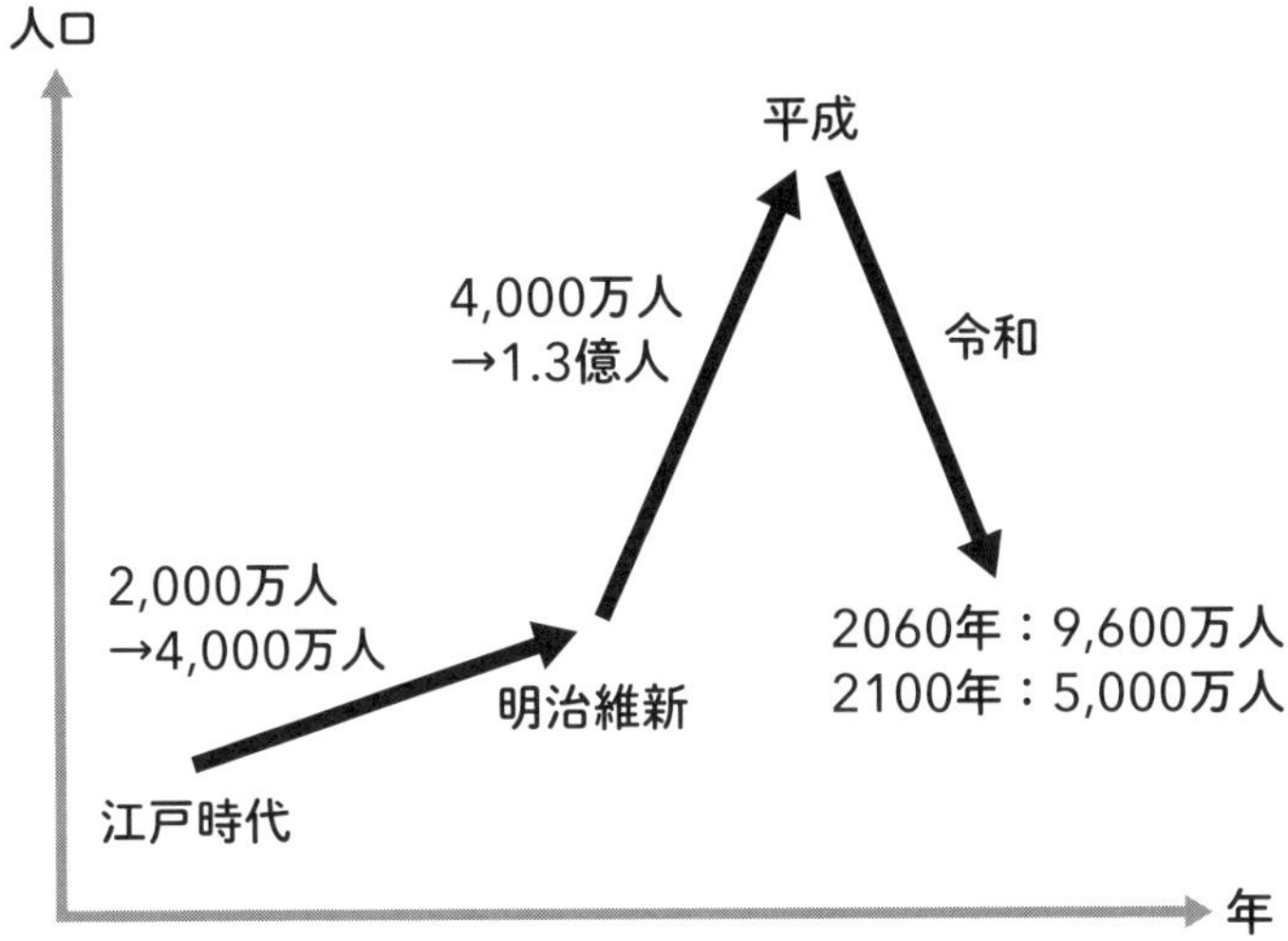

出所：総務省データをもとに筆者作成

よっては完成した頃の価値が10分の1になってしまっています。

とはいえ、このような値下がりのリスクは、今後の日本社会を見据えたうえで、「家を買う場所」を慎重に選べば避けられます。

そもそも人口減少は日本全体でひとしく起こるものではありません。都心部ではむしろ人口集中が起きると私は予測しており、地方や郊外とは分けて考える必要があります。

繰り返しですが、昭和や平成の時代は人口増加でした。土地開発は郊外へ郊外へと広がりを見せていました。新しい道ができ、コンビニやファミレスなどのロードサイド店が数多くできた時代です。「都心部の混雑は避けて、郊外で緑に囲まれてゆっくり暮らしたい」と郊外ライフに憧れる人も多かったことでしょう。

一方、令和の時代は人口減少です。「地方や郊外はゴーストタウンになる」のような記事も出るぐらいですから、人々の関心は「生活基盤が維持されやすい都心部にいかに住むか」と、郊外から都心にシフトします（もちろん、共働きによる職住近接ニーズもあります）。

このように、人口増加時代と人口減少時代では、人々の興味関心が向かうエリアが真逆になるということも頭に入れておきましょう。

今後人口が都心に集中するということは、さまざまなサービスも都心部に集中するということです。そしてそのサービスに惹かれて、より一層人が集まるという好循環のスパイラルが生まれます。たとえば、有名大学への進学実績がある私立中高は都心部に集中していますよね。そのため、教育熱心な層は通学できる範囲に住もうと考えるでしょう。私自身も子どもがいるので、同様に考えて家選びをしました。

日本に住む人のみならず、海外投資家にとっても都心部の不動産は魅力的な市場です。とくに昨今は円安が進んでいて、海外からみた日本のモノの値段が割安になっていますから、海外のお金が日本の都心部の不動産に流れやすくなっています。

あまり知られていませんが、日本は世界の不動産投資家から「透明性が高い国」として注目されていて、世界的な不動産仲介会社のジョーンズラングラサールが公表した2022年版グローバル不動産透明度インデックスでは世界で第12位につけています。これはシンガポールやスイスよりも上位であり、かなりの好成績です。

また、中華圏の投資家と日本の不動産をマッチングしている株式会社神居秒算が2023年に実施した調査では、中華圏の投資家329人のうち、約9割が「日本への不動産投資タイミングは今だ」と回答しました。

このような理由から、主要な都心ターミナル駅近の物件であれば、今後価格が落ちることは考えにくく、むしろインフレや海外投資家による追い風を受けて値上がりする可能性が高いでしょう。

都心のファミリーマンションは2億円になる？

それではここで、実際にどれくらい値上がりするのかを予想してみたいと思います！

今後、2030年にかけてとくに値上がりが見込まれるのが、図4にあるように、港区や渋谷区、新宿区、千代田区など東京都心部（図の中央部分）です。

不動産価格は一般的に、新築マンションがプライスリーダー（価格先導役）となり、そ

図４：東京のエリア別不動産価格予想

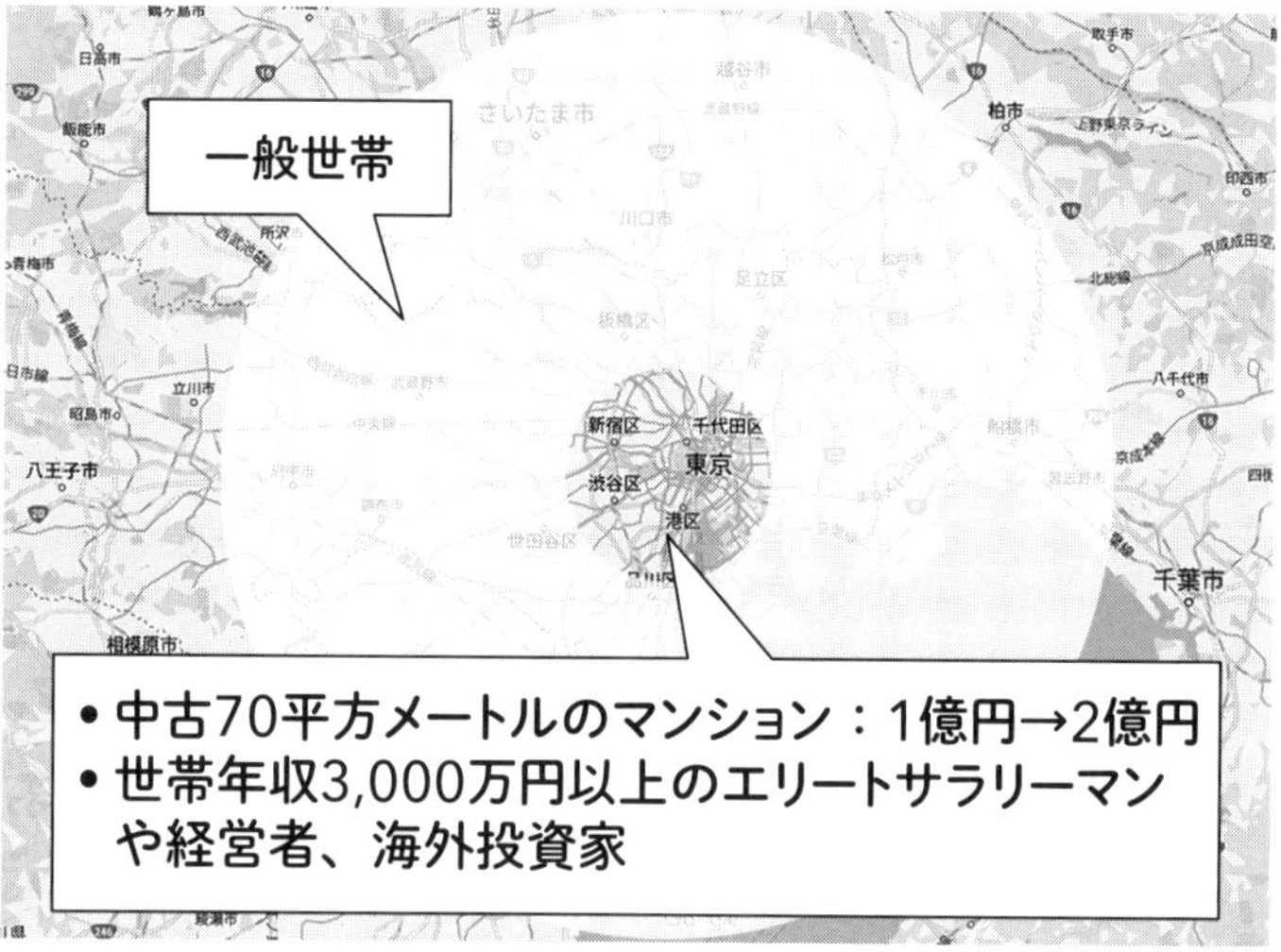

出所：筆者作成

れにつられて周辺の中古マンション価格も値上がりする動きを見せます。ですので、まずは新築マンションの価格がどうなるかを考えてみましょう。

　新築マンションの年間販売戸数は現在、東京23区内で１万戸、山手線内だとわずか１０００～２０００戸程度といわれています。23区内に住んでいる人は約１０００万人いますので、極端な例ですが、そのうちの１万分の１である１０００人が買える値段であれば、物件は売り切れます。

　つまり、不動産を販売するデベロッパーにとっては、売る価格を「みんなが買える値段」にする必要はないのです。先述したインフレや低金利もあって不動産購入意欲は相当強く、高所得者1000人を相手にすればビジネスが成り立ちますから、低価格競争が起きる可能性は低いです。

さらに最近は海外投資家が買ってくれるケースが増えているので、日本人に売る数はもっと少ない人数、たとえば500人くらいでも問題ないかもしれません。そうなると、値付けはより強気になってくると考えてもおかしくはないでしょう。

こうした新築マンションの強気の相場を踏まえると、東京都心部の一般的な中古マンション（70平方メートル）は今のところ1億円が相場ですが、今後10年で2億円程度に値上がりしても不思議ではありません（もちろん不動産なので、短期的には価格調整はあるとは思いますが）。なお、2億円という水準は、医師や投資銀行マンなどのプロフェッショナル職、商社などの高年収企業のパワーカップルの世帯年収（3000万円程度）を前提にギリギリ買える許容額として算出しました。

以上のように、山手線内のエリアでは、基本的には年収3000万円以上のエリートサラリーマンや経営者、海外投資家が家を買い、一般的な世帯はその周りに住むことになると思います。

こうした価格上昇は東京だけで起きている現象ではありません。図5は日本の主要都市の家賃推移です。大都市圏の多くでマンションの家賃が上がっていることに注目しておき

図5：マンション賃料の推移（2009年・Q1を100）

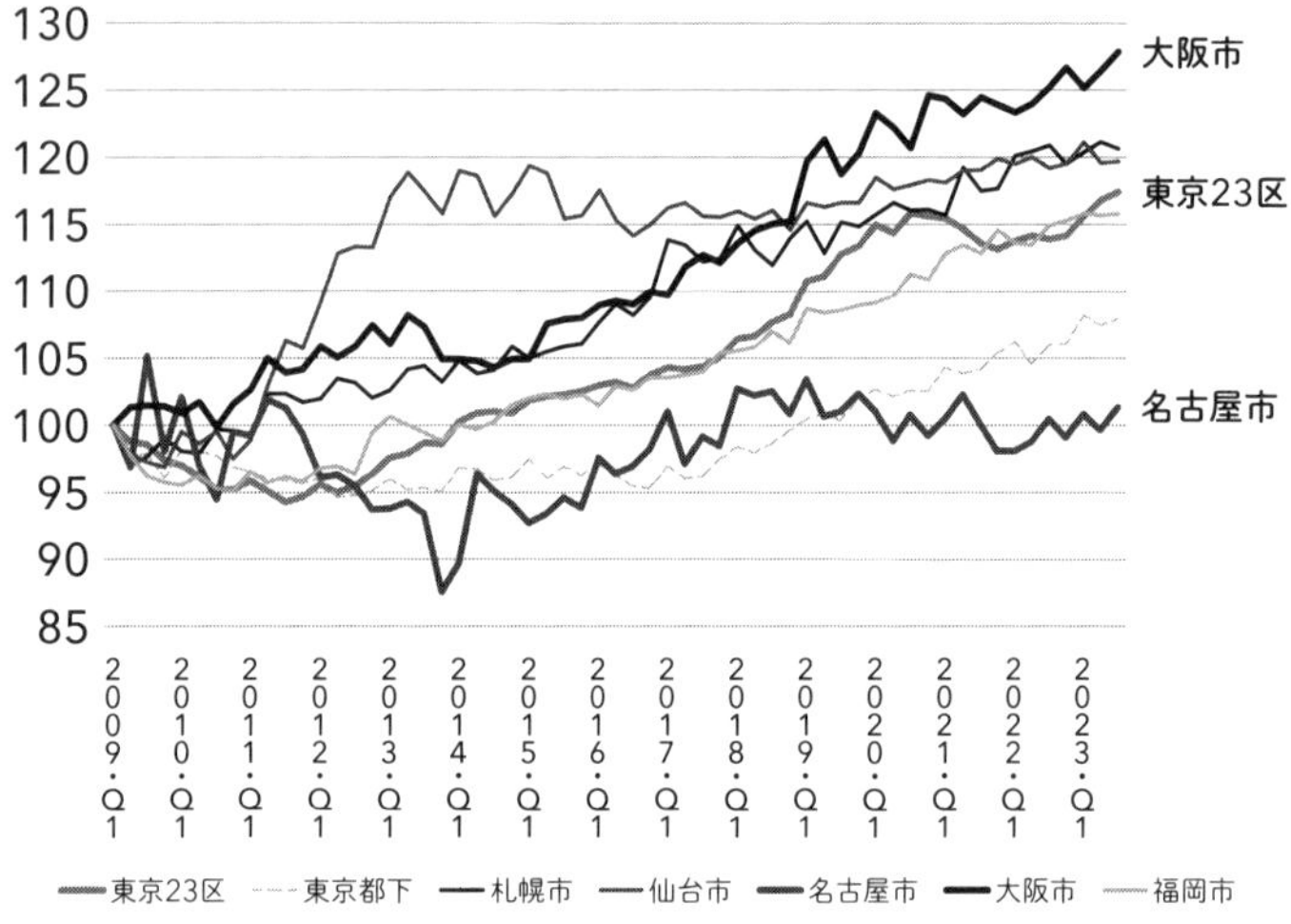

出所：マンション賃料インデックス（アットホーム株式会社、株式会社三井住友トラスト基礎研究所）をもとに筆者作成（全エリア・総合18㎡以上100㎡未満）

ましょう。家賃が上昇すれば、「このまま賃貸で住むよりも、買ったほうがお得」と考える人が増え、物件価格が上昇する要因になりますから、主要都市部の物件価格はまだ上がると考えていいでしょう。

一方で、持ち家は大きな買い物ですから、「万が一リーマン・ショック級の不況が来たら不動産価格が暴落するんじゃないの？」と心配する方もいると思います。

でも、たとえそのような金融危機が起きたとしても、こと不動産に関しては暴落は考えづらいでしょう。実際、図6のようにリーマン・ショックの渦中でも不動産価格の下落は10％程度で

図6：不動産価格指数（全国、2010年平均を100）

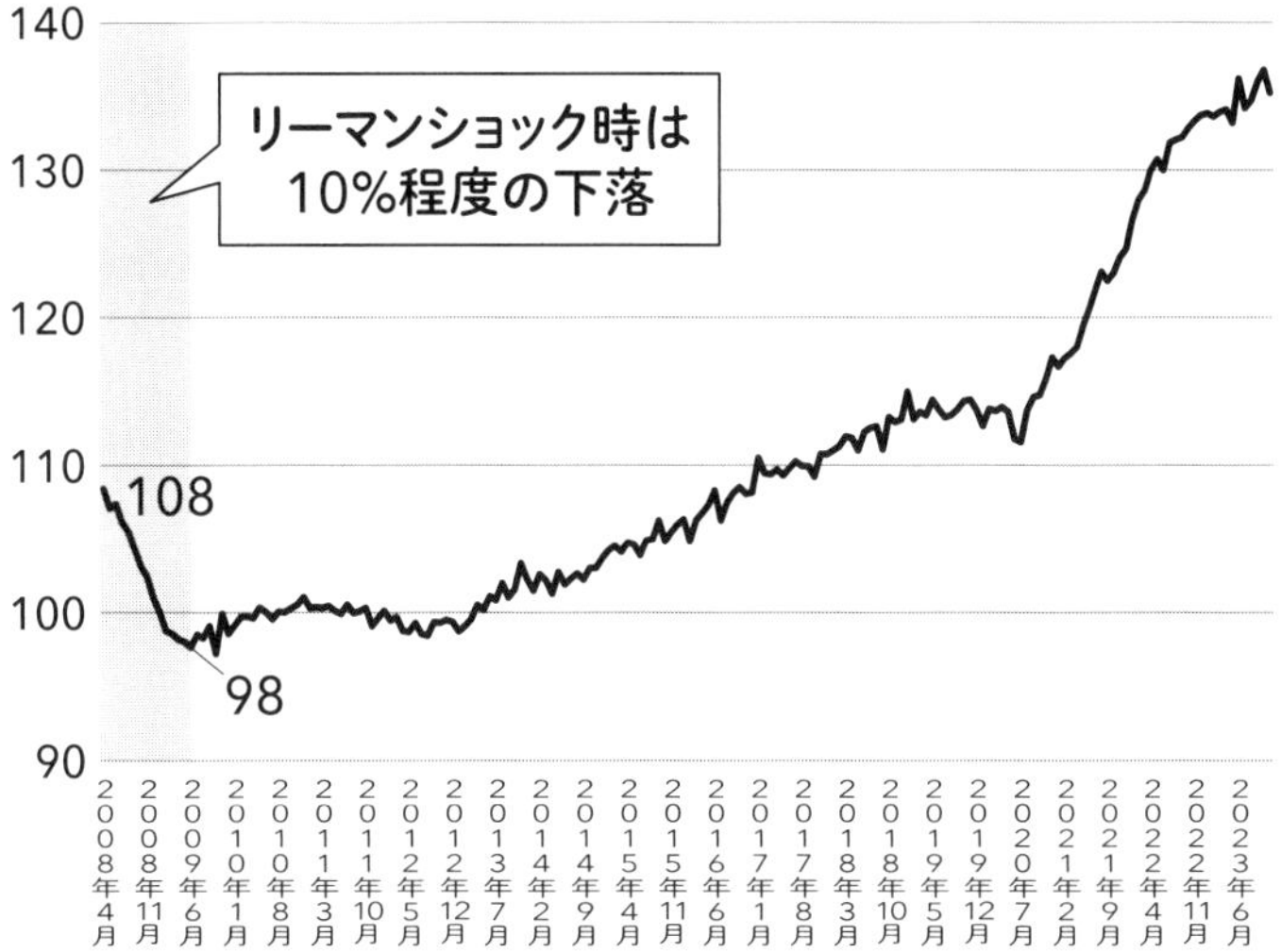

出所：国土交通省

した。もちろん、1991年のバブル崩壊時は不動産価格は大きく下落しましたが、現在は企業の収益増や賃金上昇などの実態を伴う景気回復であり、バブル状態ではないと考えています。

余談ですが、時々、不動産価格が暴落するまで自宅購入を待っている方がいますが、暴落するまでの家賃支払額もバカにはなりません。暴落時期、暴落確率および価格の下落幅を踏まえると、有効な作戦だとは思えません。

話を戻しましょう。勤務先に近く、かつ駅近の物件へのニーズは引き続き堅調であり、インフレや職住近接ニーズの追い風を受けて都心部の不動産価格は上昇する可能性が高いでしょう。

不動産を短期売買するような方でなければ、それほど不動産価格の下落を心配する必要はないと思います。

むしろ、これから本格化するインフレに備えるという意味で、積極的に価値ある不動産を買っておくことが大切です。収入やご家庭の状況にもよりますが、もし少し背伸びすれば都心の好立地物件が手に入るという方は、若干のリスクを背負ってでも家を買うのは一つの手段だと思います。

「持ち家」と「賃貸」、インフレ時代にはどっちがお得？

ここまでの話を踏まえて、「持ち家にするか、賃貸にするか」という住居費の永遠のテーマについて考えてみたいと思います。

このテーマを私がX（旧Twitter）などで発信をすると賛否両論のコメントで盛り上がります。答えが出せない宗教論争みたいな側面があるかもしれませんね。

まず結論としては、私は「持ち家がお得」だと確信しています。

これまでのデフレ時代は、持ち家と賃貸は一長一短なところがあり、一概に答えを出しにくい状況だったのですが、これから続くインフレ時代においては、持ち家派が有利にな

図7：世田谷・築10年・駅徒歩5分・2LDKでの比較

35年間のコスト

購入
- 物件価格：7,000万円
- 諸費用：560万円
- 管理修繕積立：月3万円
- ローン金利：0.5%
- 固定資産税：年28万円

→ 1億482万円

賃貸
- 賃料：20万円
- 礼金：2年ごとに賃料1か月分

→ 8,740万円

差額：1,742万円

出所：筆者作成

ります。

具体的に、「35歳で７０００万円の物件を購入する場合」と、「賃料20万円の物件を借り続けた場合」を比較してみましょう。物件は、東京・世田谷にある築10年、駅徒歩5分の２ＬＤＫの中古マンションを想定しています。住宅ローンは諸費用合わせて７５６０万円借りるものとします。

返済が終わる35年間でのコストを単純に比較した場合、実は賃貸のほうが安いことがわかります。図7の通り購入した場合は約1億円、賃貸は９０００万円弱となり、賃貸のほうが安いです。

ですが、購入した場合は「物件を保

有できる」という非常に大きな強みがあります。

事例の物件を購入した場合、35年後は築45年のマンションを資産として保有することになります。最近の世田谷区の取引事例では、築45年でも約4000万円で売却することができ、持ち家は相応の資産ができているといえます。しかも持ち家なら住み続けることもできますから、終《つい》のすみかも得られている状態です。

さらに、購入した場合は、住宅ローン減税と団体信用生命保険（団信）という強力なメリットがあります。後ほど詳しくお伝えしますが、これらのお得な制度のおかげで住宅ローンはむしろ「借りると儲かる」のです。こうした強みは、賃貸にはない持ち家ならではの特徴です。

一方、賃貸の場合はというと、残念ながら家賃をいくら払っても住んでいる家があなたの資産にはなることはありません。35年住み続けた後も家賃を払い続ける必要がありますし、高齢になるとそもそも家を借りにくくなるので、終のすみかとしては懸念があります。実際、とある大家さんは「孤独死や認知症による近隣トラブルを懸念し、65歳以上はお断りしている」といっていました。

公平を期してお伝えすると、賃貸にまったくメリットがないわけではありません。

賃貸は大家が設備の入れ替えコストを負担してくれますし、何より、他の物件へ引っ越しをしやすいのが魅力ですね。

また、「住む場所を選べる」という点でも賃貸のほうが有利です。２０２２年に東京都23区内にある２ＬＤＫの物件を調べたところ、新築が約３０００戸、中古が８５００戸程度でした。この二つをあわせた１万戸強が購入する場合の選択肢です。一方で賃貸はなんと５倍の５万戸もあります。

逆にいえば、賃貸のメリットはこれくらいですから、頻繁に引っ越す予定のない人や、持ち家の選択肢で満足できる人であれば、賃貸を選ぶ理由はほぼなくなります。シンプルに、資産形成という金銭面で合理的判断をするなら、持ち家一択でしょう。

話をまとめると、持ち家には賃貸にはない次のメリットがあります。

①　資産形成になる

②　高齢期の生活の基盤になる

③　住宅ローン減税や団体信用生命保険を使える

なお、もし「今は不動産価格が上がっているから賃貸に住んで様子を見よう」とお考えなのであれば、その作戦はおすすめしません。まず、家賃は不動産価格と連動します。大

図8：インフレ時の不動産価格と家賃推移

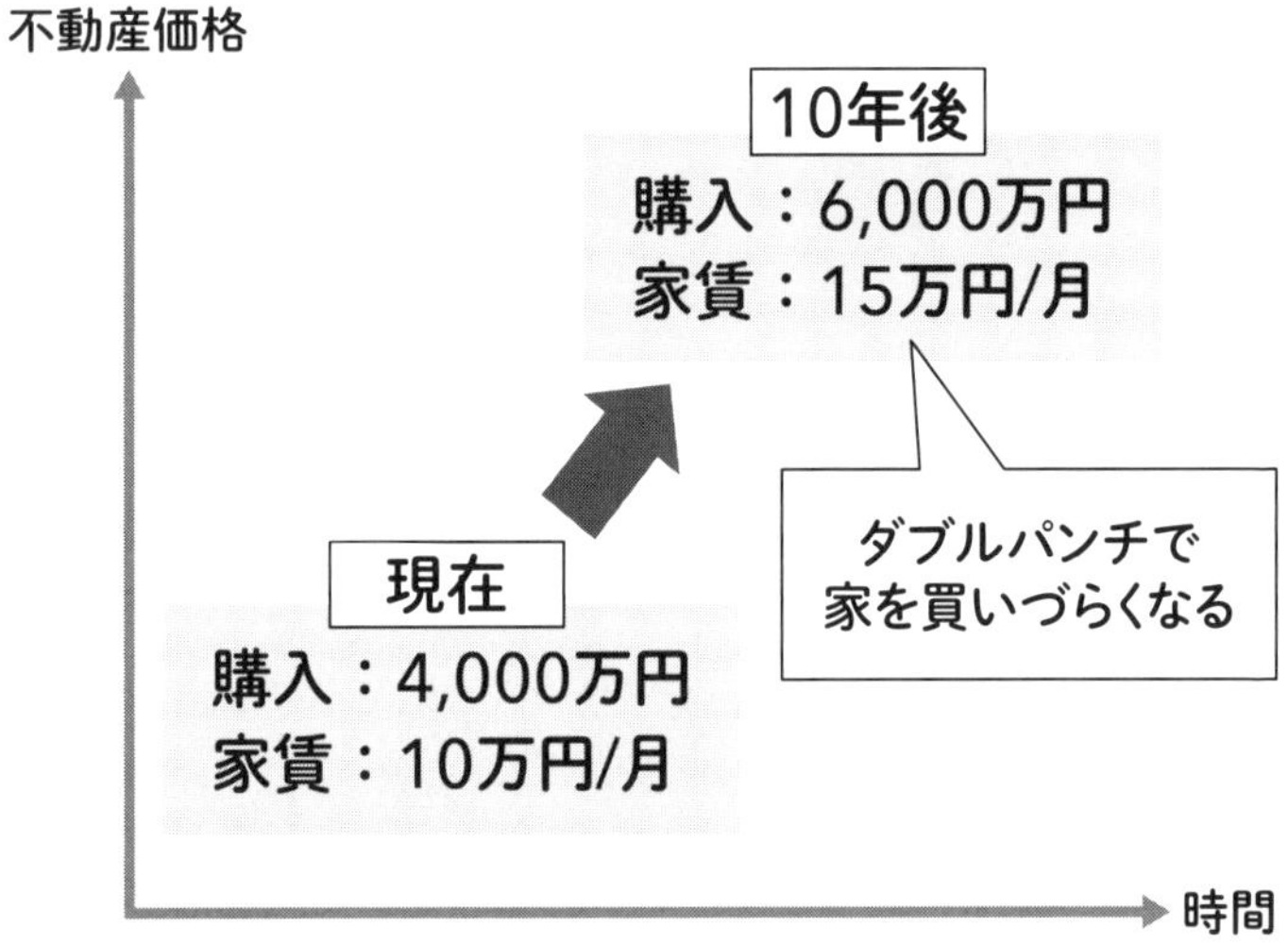

出所：筆者作成

家さんが「物件価格が上がっているから購入を様子見する世帯が増えるだろうし、家賃を高めに設定しても借りてくれるはずだ」と考え、家賃を強気で設定するからです。そうなると、図8のように、将来的には契約更新や引っ越しのたびに家賃が上がって家計支出が増えるリスクがありますし、買おうと思っていた物件も値上がりして一層買いづらいというダブルパンチが発生してしまいます。不動産購入にはリスクは伴いますが、**そのリスクを取らないリスク**もしっかりと考えるべきです。

株式投資や住宅ローンはダメ？親世代の価値観から脱却しよう

ここまで繰り返し「住宅ローンで家を買う」ということを論理立ててお伝えしてきましたが、それでもまだ「やっぱり大きな借金をして家を買うのは……」と躊躇してしまうとしたら、もしかするとあなたのご両親や祖父母の影響かもしれません。

といいつつ私自身、住宅ローンに関わる仕事をしていなければ、やはり「借金はよくない」という間違った思い込みをしていたように思います。

私の祖父母や両親は、株式投資が一般世帯に広まった時代を生き、ＮＴＴやＪＡＬの株を持っていたのですが、バブル崩壊で大損。ＪＡＬ株についてはＪＡＬが２０１０年に事実上の倒産をして紙くずになってしまいました……。

そんな経験から「株式投資は危ない」と思うようになったのでしょう。私が外資系証券会社に就職することを伝えると、「株屋は危ないから、銀行に行け」といわれたことを覚えています。

そして、住宅ローンについても「住宅ローンは早く返してキャッシュをできるだけ手元に残しておくべき」という考えを強く持っています。まさに「貯金が一番。現金第一」です。

私の親世代は、バブル期に住宅ローンを抱えていたため、「住宅ローン＝金利がたくさんつく」というイメージなのです。たしかに当時の住宅ローンの金利は8％ほどまで上がりましたから、金利負担は相当なものでした。たとえば3500万円の住宅ローンを35年金利8％で借りたとすると、月々の返済額は約25万円にも達します。仮にこの金利のまま35年間をかけて返済したとしたら、金利だけで約7000万円も支払うことになっていたのです。

そのため、「金利が上がると大変だから、変動金利よりも固定金利がよい」と考える傾向も強いように思います。

このような考えは、バブル景気の時代を生きた世代にとっては、ある程度仕方ないことかもしれません。

そして、バブル景気の後にやってきたデフレ時代の人生戦略をごくシンプルにいえば、「現金を握りしめていれば勝ち」ということに尽きます。

だんだんと物価が下がっていた時代であれば、同じお金でも年々買えるものが多くなっていくため、たとえばノートパソコンを購入するときも、「今年よりも来年のほうが安くなるだろうから、とりあえずお金を使わないでおこう」といった判断が合理的です。

また、バブル崩壊以降は不動産価格が下がっていったので、多額の住宅ローンで家を買うと損をしてしまう状況がありました。たとえばバブル崩壊直前に5000万円を借りて家を買ったのに、10年後には家の価値が2000万円に落ちたなら、大きな含み損を抱えてしまいます。そして、売却した場合はその損失がボディーブローのように効いたはずです。

デフレ時代は企業は儲かりにくく収益を上げづらいため、株価も低迷します。ゆえに、「投資よりも貯金」という堅実性に重点をおいたメッセージにもある程度説得力があったといえます。その考えを引きずった結果、今では日本の普通預金の金利が0%近辺という極めて低い水準にもかかわらず、日本人の家計に占める金融資産の半分以上が現金や預金という理解しがたい状態になっています。

でも、すでに書いた通り我々の時代はデフレが終わり、緩やかなインフレになろうとしているわけですから、考え方を180度変えなくてはいけません。インフレ時代は物価が上がって企業が儲けやすくなるため、株価も上昇しやすくなります。であれば、**「インフレをいかに味方につけるか？」**という発想に切り替え、株式投資を検討すべきでしょう。

「インフレで物価が上がって生活が大変！　政府や日銀はなんてことしてくれるんだ！」と、ぶつくさ文句をいっても何も課題解決にならないです。この発想の転換ができずに親や祖父母世代の考えにとらわれていると、結局は損をするだけです。

簡単にいうと、今を生きる私たちは、次のように意識を切り替える必要があるのです。

・現金をできるだけ持っておくべき ↓ 現金は必要最低限にすべき
・投資よりも貯蓄 ↓ 貯蓄よりも投資
・借金はできるだけしない ↓ 借金を積極的に活用する

住宅ローンは、日本人の真面目さが生んだお得な金融インフラ

私は仕事柄、多くの方の住宅ローンの借り方や返済方法を見ていますが、日本人の国民性が如実に出ていると感じます。

みんな借金が嫌いで、借金をすることが不快なのです。そのため、実はまったく理にかなっていない「頭金をたくさん入れる」「繰上返済をする」といった行動に走ってしまいます。

これらの行動がなぜ問題なのかは後ほど説明するとして、日本人は真面目ですから、「借りたものはちゃんと返す」「できるだけ早く返す」という強い信念があるように思います。

私は兵庫県育ちで阪神淡路大震災を経験しましたが、あのような甚大な災害で自宅が被災した人たちですら、その多くがローンを返済し続けようとしたと聞きます。他の国であれば、多くの人がローン返済の免除を求めたり、自己破産を選ぶことでしょう。「ローンを早く返さねば」という日本人の意識は非常に強固です。

とはいえ、このような真面目な国民性があるからこそ、私たちは低金利で住宅ローンを借りられるというのも事実です。

住宅ローンを貸し出す銀行は、「貸し倒れ（貸したお金が返ってこないこと）」のリスクを金利に反映させています。そのため、貸し倒れが多い消費者金融などは高金利になっていますよね。

住宅ローンの場合、貸し倒れ率はとても低く、1000件に1件程度の割合といわれています。経済的に苦しい状況であっても、家を守るためにも住宅ローンだけはきちんと返そうとする日本人が多いことがわかります。

その結果、今は35年間の住宅ローンが0・1％台で借りられる銀行もあるという、あり得ないバーゲンセールが起きています。後ほど説明しますが、これだけ低金利だと、資産運用を組み合わせることで実質的に「金利ゼロ」を実現することも不可能ではありません。

加えて、住宅ローンなどの借入れには、**「期限の利益」**というメリットがあります。たとえば、「明日返さなくてはいけない1億円」と「35年後に返せばいい1億円」を比べてみましょう。明日返さないといけない1億円はほとんど意味のないお金です。一晩預かって返すだけですから。一方、35年後に返せばいいといわれた場合、そのお金を元手に商売や投資をすることができ、お金を増やせるかもしれません。そうなると1億円を返済しても利益が手元に残りますよね。もうおわかりかと思いますが、お金を借りられる期間が長ければ長いほど、私たちが得られる経済的なメリットは大きくなるのです。

日本で住宅ローンが始まったのは明治時代で、当時は「5～15年で返済」という条件だったといわれています。その後、少しずつユーザーにとって住宅ローンは使い勝手がよくなり、今は基本的に35年、銀行によっては50年まで借りることができます。

これだけの長期間、しかも低金利で多額のお金を借りられるわけですから、日本人の特権といっても過言ではありません。とくにサラリーマンや公務員および士業の方は収入が安定していることから銀行からの信用が高く、住宅ローン審査を比較的簡単にクリアできます。つまり、その特権をいつでも使える立場にあるのです。

これだけ有利な条件でお金を借りられる制度は、世界的にみても、日本の住宅ローンをおいて他にはありません。住宅ローンは日本人の真面目な国民性によって実現できているお得な金融インフラであり、日本に住む人がフル活用しない手はないのです。

住宅ローンに対するネガティブなイメージは今すぐ捨ててください。そして、次章に入る前に次のように考え方をアップデートしておきましょう。

「住宅ローンは、お金がない人がやむを得ず使うもの」

⬅

「住宅ローンは、現代の日本人に与えられた最強の武器」

このように考え方を変えると、「頭金をたくさん入れて住宅ローンをできるだけ少なく借りよう」とか、「繰上返済して早く完済しよう」といった行動がバカらしくなってきますし、余裕資金を投資に向けるのが最も合理的だと気づくはずです。

これからの時代は、「お得に住宅ローンを借りて、家計の余裕を作る」ことがもっともシンプルなお金の戦略になります。さらには家計の余裕で生まれたお金を投資すれば、ますます豊かになれますよ！

最後に、それでもなお「でも、不動産価格が下落するリスクもあるし」「金利上昇は怖い」「延滞して自己破産したらどうしよう」などと不安に思っている人がいるかもしれません。金融の世界は必ずリスクとリターンは表裏一体です。リスクが怖いお気持ちはわかりますが、リスクを取らないとリターンを得られないのも事実です。

ですので、この本を通して、「自分はどこまでリスクを取れるのかな？　そのうえで、リターンをうまく取りにいく方法は何かな？」を一緒に考えていきませんか？　きっと視界が開けると思いますよ。

第2章

住宅ローンは実は借りると儲かる

住宅ローン減税で、金利以上の税金が戻ってくる

前の章では、これから本格化するインフレ時代は、「住宅ローンを借りて家を買うこと」自体に大きなメリットがあることを説明しました。今後、インフレとともに不動産価格が上がっていくことや、住宅ローンの実質負担が目減りすることを考えると、早めに家を購入しておくのが吉です。

しかも、多くの人が気づいていない耳よりな話があります。実は、日本の住宅ローンは、「借りたら儲かる」というおいしい仕組みになっているのです。「借金なのに儲かるなんてありえない」と思われるかもしれませんが、理由がありますので一つずつ解説していきますね。

ここでカギとなるのが、「**住宅ローン減税**」「**団体信用生命保険**」という二つのキーワードです。早速、住宅ローン減税からお伝えします。

住宅ローンを組んで家を買うと、「住宅ローン減税」という非常に効果の高い節税方法

を使えるようになります。

この住宅ローン減税を使うことで、「住宅ローンを組んでいるだけで税金が戻ってくる」という嬉しい状態が、なんと最長13年間も続きます。賃貸に住んでいたら家賃をいくら払っても税金は戻ってきませんから、これも持ち家ならではのメリットといえますね。

では、そもそもなぜそのようなお得な仕組みがあるかというと、国は皆さんに家を買ってほしいからです。国土交通省のデータをみると、民間住宅投資がGDPに占める割合は3％ほどで必ずしも大きな割合ではないのですが、住宅購入は建設・不動産業・鉄鋼などの幅広い業種に好影響を与えることから、家を買う人が増えれば景気回復につながります。ゆえに、減税で税金をキャッシュバックすることで住宅購入を促しているのです。

また近年は地球温暖化への対策が重視されているので、「環境に優しい家」、つまり二酸化炭素の排出量が少ない住宅の減税額を大きくすることで、省エネ化を進めようとする狙いもあります。

では、住宅ローン減税がいくらかといいますと、次の三つの計算を行って、そのうちもっとも小さい金額が減税額になります。

①　所得税・住民税の支払額

② **年末時点の住宅ローン残高×0・7％**

③ **借入上限額×0・7％**

住宅ローン減税の詳細は第7章で解説しますので、今の時点では「元本の0・7％分の税金が戻ってくるんだな」と覚えていてください。

勘のよい方はもうすでにお気づきかと思いますが、0・7％は住宅ローン金利よりも大きな数字です。最近の変動金利は0・4％前後ですので、住宅ローン減税が適用される期間は住宅ローン金利を支払っているどころか、むしろ儲かっている状態なのです。住宅ローン減税がいかに強烈なインパクトがあるかおわかりいただけたでしょうか？

団体信用生命保険（団信）はキラーコンテンツ！

住宅ローンを契約するとき、必ずセットで検討すべきが「団体信用生命保険（団信）」です。住宅ローンはどうしても金利にフォーカスが当たってしまい、団信は脇役のように考えられてしまうことが多いのですが、実は住宅ローンの経済的メリットを語るうえでは絶対に欠かせません。「**金利と団信はセット**」と覚えておきましょう。

図9：団体信用生命保険（団信）の仕組み

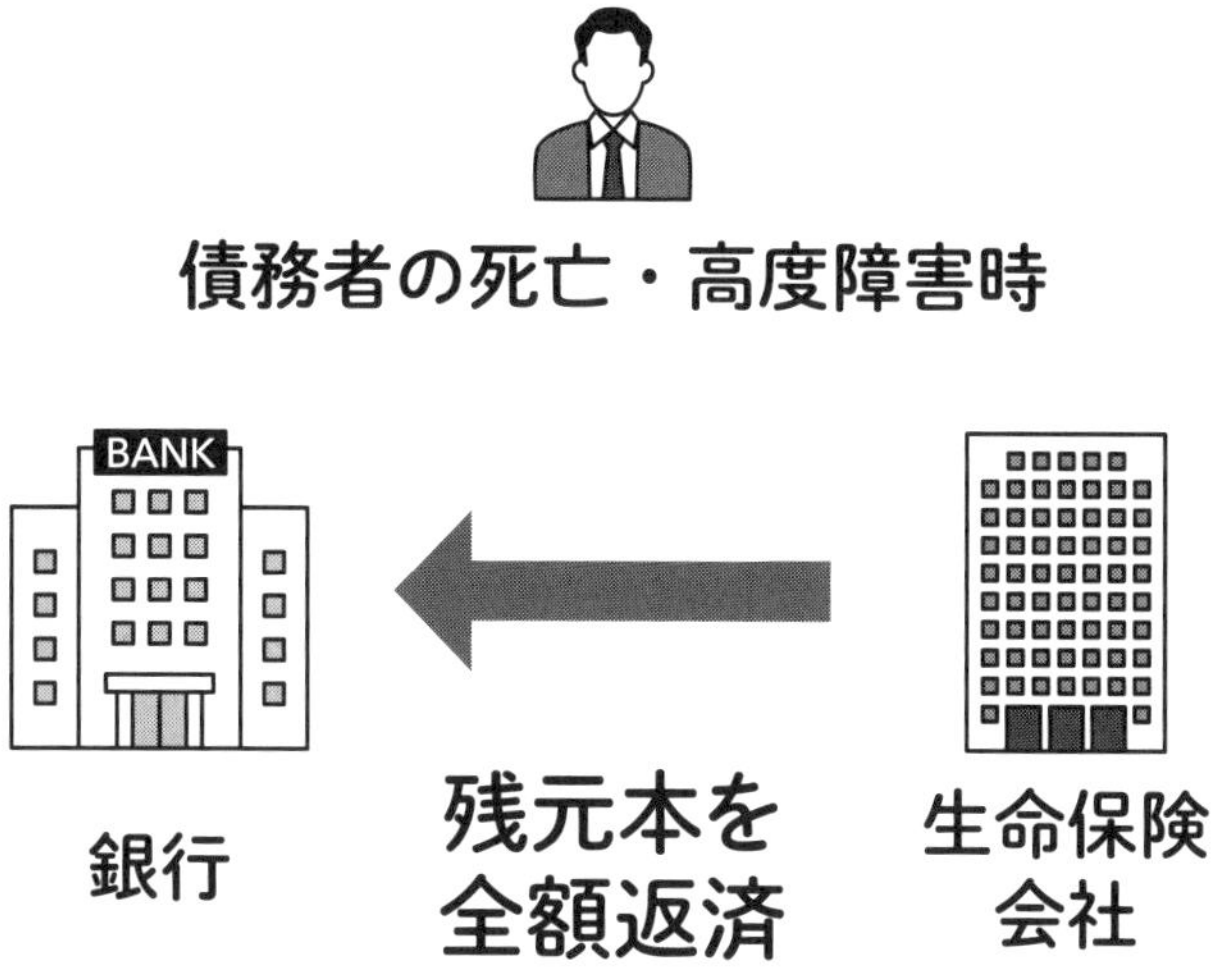

出所：モゲチェック記事

　そこでまずは、団信が住宅ローンにおいてどのような役割を果たしているかを理解しておきましょう。

　団信は、債務者（住宅ローンの契約者）が死亡または高度障害状態になったときに備える生命保険です。具体的には、図9のように、債務者が死亡または高度障害に陥ったときに、残っている住宅ローンの元本を生命保険会社が銀行に一括返済する仕組みで、団信の保険料は銀行に支払う住宅ローン金利に含まれています。

　簡単にまとめると、「ローンを組んだ人に死亡や高度障害などが起きたときに、ローン残高をすべて肩代わりしてくれる」という非常に心強いものなのです。

このように死亡や高度障害状態に備えるのが団信の基本的な形なのですが、現在はがん保険が付帯した「がん団信」など、特定の疾病になったときにも保障してくれる団信を選べる銀行が増えています。

とはいえ、「もともと生命保険やがん保険に入っているから、団信は余計だな」と考える人もいるでしょう。

でもこの団信、実は「めちゃくちゃお得」なのです。なんと、団信は一般的な保険商品と同程度の保障内容を、半分以下の保険料で得られる可能性があるのです。

というわけで、団信の保険料（保障をキープするためのコスト）と保険金額（保障内容）の関係を具体的に見てみましょう。

借入金額3500万円、返済期間35年間の住宅ローンでは、一般団信の保険料は金利0・2%分に相当します（2023年モゲチェック分析）。そのため、35年間に支払う0・2%分の金利コストを保険料と考えると、月々の保険料は平均3000円程度です。

次に、この団信による保険金額を計算してみましょう。団信で保障されるのは住宅ローンの残債（残っている元本）と同じですから、当初の借入額が3500万円で完済時にはゼロになることを踏まえると、平均的には1750万円分の価値があるといえます。

まとめると、この団信は「月々の保険料3000円で1750万円を保障する死亡保険」と同程度の商品といえます。

では、一般的な死亡保険で1750万円の保険金を得るためにはいくら保険料が掛かるのでしょうか？

答えは、毎月約7400円です。保険料は保険会社や保険商品によって違いがありますが、ここではライフネット生命の保険料シミュレーションを使って、40歳で30年間の定期死亡保険の保険料を計算しています。

この時点で、団信を使うことで月7400円の死亡保険とほぼ同等の保障が半額以下で手に入ることがわかりますが、がん団信も考慮するとさらに団信のメリットが大きくなります。

一般団信にがん団信を付加した場合、金利が0・1％程度上乗せされることが多いです。この0・1％を毎月返済額に換算すると約1500円です。

次に、1500円と同水準の保険料を支払うがん保険では、どの程度の保険金を得られるかを調べてみました。すると、月額保険料1500円で保険金はたったの100万円しかありませんでした。

つまり、がん団信が平均1750万円の保障であるのと比べると、同程度の保険料を取るがん保険の保障は10分の1にも満たず、これではまったく勝負になりません。

団信はなぜこんなにお得なのか

先ほどの説明で、「なぜ、団信はこんなにお得なの?」と疑問に思ったかもしれません。その答えを端的に説明すると、「団信の構造上、保険会社が支払う保険金が少なくて済むから」です。団信は住宅ローンを借りるときにしか加入できず、健康懸念がほぼない若い方が数多く加入します。みなさんの周りをみても20代や30代で家を買っている方がたくさんいらっしゃいませんか?

また、住宅ローン審査では返済能力調査が行われますので、定年間近の年齢になると審査が厳しくなって借りられない人も一定数いるため、年代が高い方の割合が減ります。加えて、生命保険会社が行う加入審査もあるため、もし健康上の問題を抱えていたら、そもそも団信に加入することができません。

最後に、定年までに完済しようと考えている人が一定数いるため、年齢を重ねるほど繰上返済する人が増えて住宅ローンの元本がどんどん減っていきます。ゆえに、死亡率や罹患率の高い60代以降の人に対する保険金支払いはそれほど多くはないと聞きます。

図10：がんの罹患率

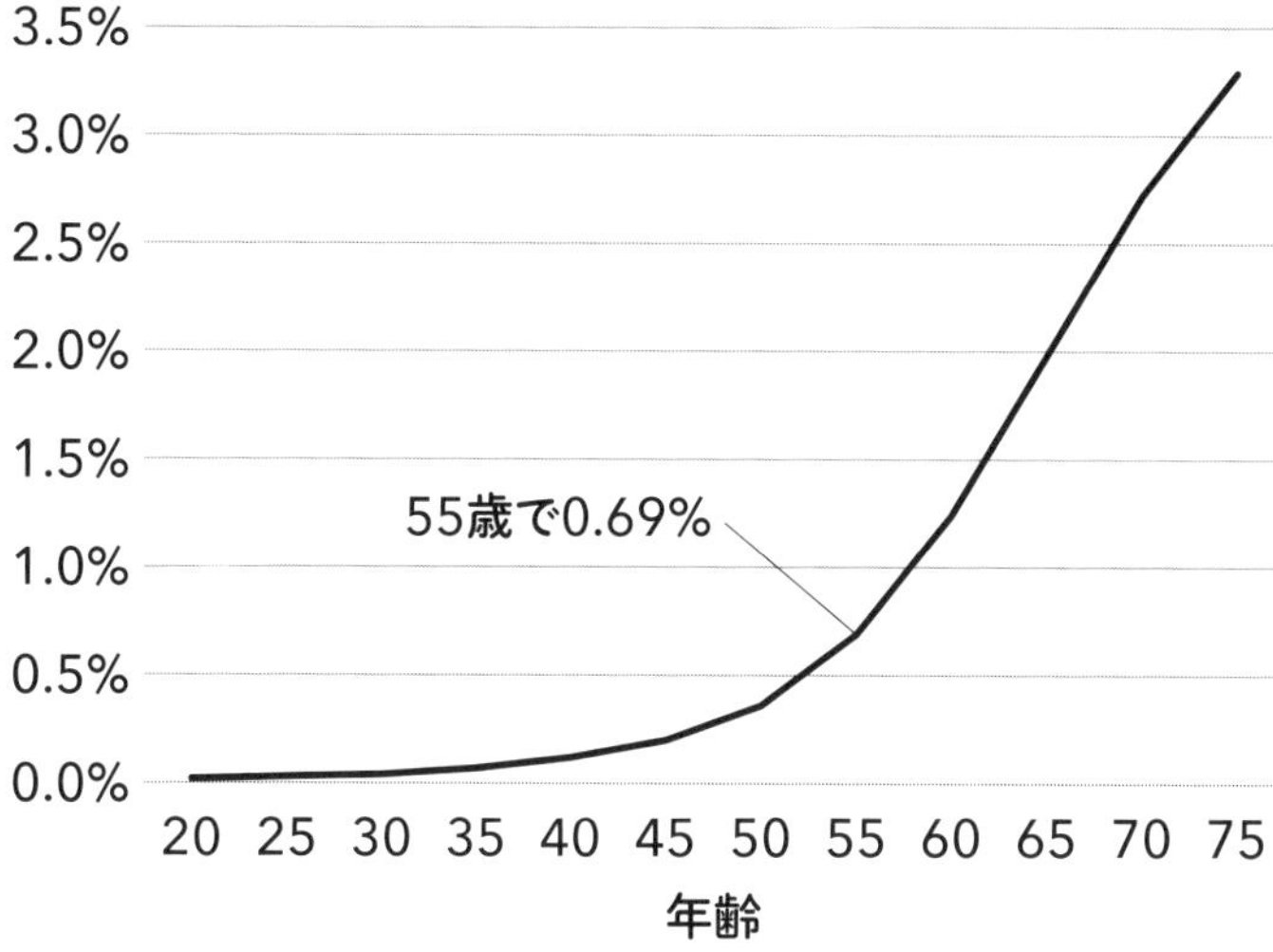

出所：国立研究開発法人国立がん研究センターのデータをもとに筆者作成

一方で、一般的な保険商品の場合、「親族にがん患者が多い」や「高齢で病気の罹患率が高い」といったように、健康不安を抱えている人ほど保険に加入しがちであり、保険会社は保険料を多く取らざるを得ない事情があります。でも団信の場合、健康不安のある方が団信に入りたいがためにわざわざ住宅ローンを借りるなんてことは考えにくいですよね。

これらの理由が重なった結果、銀行は低金利でも充実した団信を提供できているというわけです。

団信がどれぐらいお得かを別の切り

口からも説明します。図10の通り、がんの罹患率は55歳では0・69％で、それ以降は急上昇します。その一方で、がんと診断されたら住宅ローンが0円になるがん団信の金利はそれを大きく下回ります。

「なぜがんの罹患率と住宅ローン金利を比較するの？」と疑問に思われたかもしれませんが、次のように置き換えて考えると理解しやすくなります。

- がんの罹患率＝保険金がもらえる確率
- 住宅ローンの金利＝保障をキープするために支払うコスト

たとえば55歳で2000万円の住宅ローンの残債があった場合、がんになって住宅ローンがチャラになる期待値（＝もらえる保険金の期待値）は2000万円×0・69％＝13・8万円。一方、がん団信をつけた住宅ローン金利（＝支払う保険料）は、ネット銀行の標準的な水準である0・5％とすると10万円。つまり、図11の通り、もらえる保険金の期待値が、その保障をキープするためのコストを上回っているのです。

一般的な保険商品の場合、「保険金の期待値＜保険料」と逆になるのが常識です。なぜなら、保険会社にとっての収益（保険料）が支出（保険金）を上回らないと、利益をあげ

図11：団信の保険金と保険料の比較

保険金の期待値	＞	保険料（住宅ローン金利）
残高2,000万円		残高2,000万円
×罹患率0.69%		×金利0.5%
＝13.8万円		＝10万円

こんなお得な保険に入り続けない理由はない

出所：国立研究開発法人国立がん研究センターのデータをもとに筆者作成

られないからです。

ところが団信はこれが逆転しているわけですから……そう、「あり得ないくらいお得な保険」なのです。おわかりいただけましたでしょうか？

住宅ローンは借りると200万円儲かる

以上、住宅ローン減税と団信のお得さをお伝えしましたが、金額に換算するといくらぐらいお得なのでしょうか？　そして、本当に住宅ローンは借りると儲かるのでしょうか？　検証してみました。

前提として「借入金額：3500万円」「変動金利：0・5％」「返済期間：35年」で一般団信の住宅ローンを組むことを考えます。

この際の住宅ローンを借りるコストは何でしょうか？　それは融資時に銀行に支払う事務手数料と返済期間中に支払う金利です。仮に0・5％の金利が続くと仮定した場合、これらをあわせたトータルコストは約393万円です。

続いて、住宅ローンを借りることで得られる経済的メリットも計算してみましょう。メリットは税控除（住宅ローン減税）と団信（団体信用生命保険）の二つでしたね。

まず、住宅ローン減税による効果は約300万円です。計算を簡単にするため、元本の0・7％分の減税が13年間得られる前提をおきました。

次に団信です。住宅ローン金利を支払うことによって、得られる保障は金額換算すると約310万円です。死亡保険金額1750万円の生命保険をキープするための保険料累計額がその生命保険の価値に相当するという前提をおきました。

この結果を比べると、図12の通り、住宅ローンを組むためのトータルコスト393万円に対して、得られるトータルリターンは610万円です。つまり、借り続ける経済的メリットが約220万円分大きいということになります。なお、元本3500万円に対して35年間かけて220万円得られる利回りは年率換算で0・2％弱となりますので、住宅ロー

図12：住宅ローンはリターンがプラスの商品

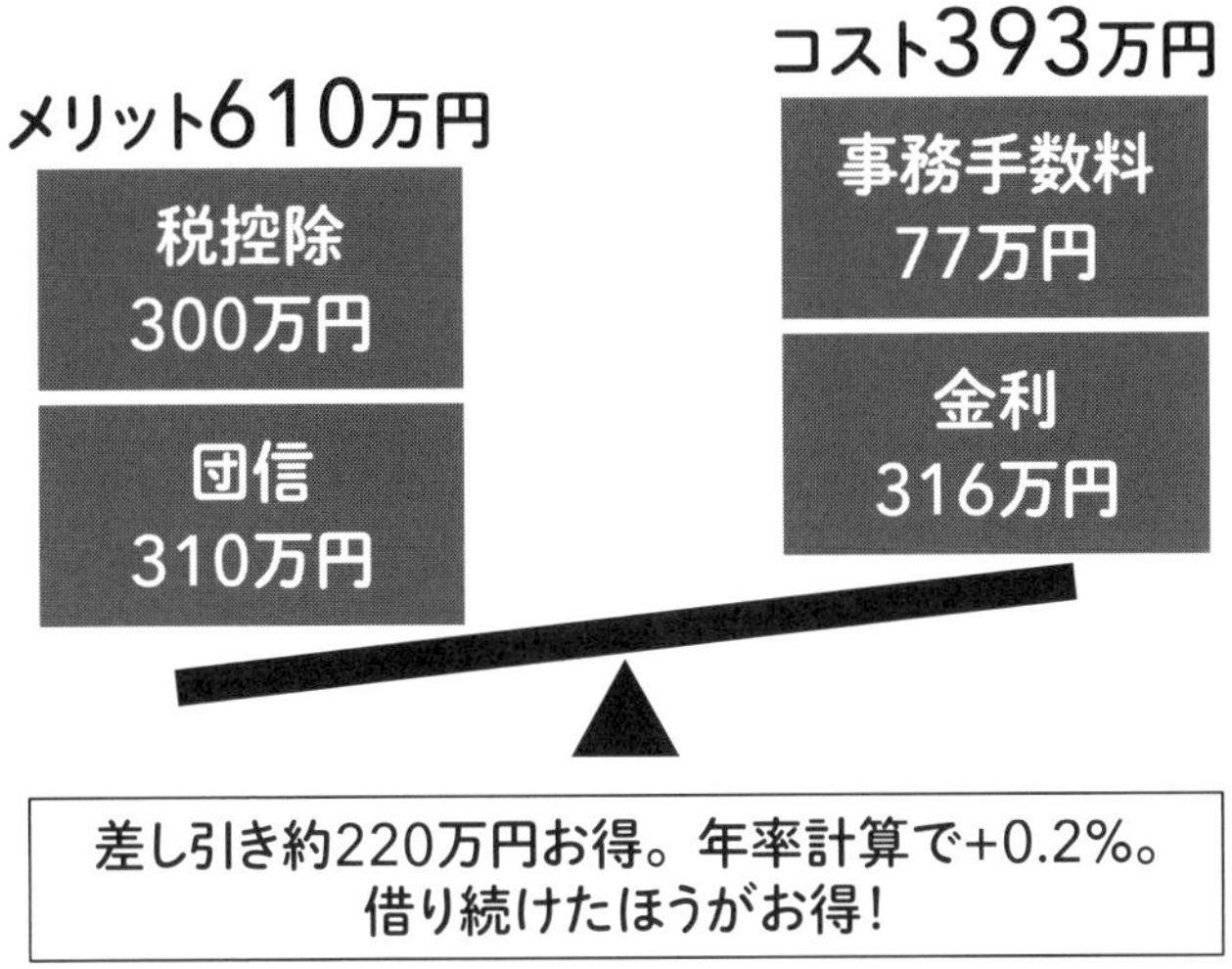

出所：筆者作成

ンを借りていることは**約0・2%の利回りが得られる運用商品を保有している**ともいえます。

メリットよりデメリットが大きい繰上返済は禁止！

先ほどお伝えした通り、住宅ローンは借りているだけで非常にお得なので、「できるだけ長く借りておく」のが極めて有効です。

その意味では、たとえ家を一括で買えるだけのキャッシュを持っていたとしても住宅ローンをあえて組んだほうがいいですし、頭金を入れたりするのもやめたほうがいいです。また、後ほどシミュレーションを示しますが、20年ローンのように最初から借入年数を縮めることもおすすめしません。

繰上返済についても同じです。私はまったくおすすめしません。その理由についても解説しましょう。

まずは公平を期するために、繰上返済のメリットを挙げてみましょう。主に次の3点です。

- 金利の支払総額を減らせる
- 定年退職後の家計が楽になる
- 精神的に借金から解放される

これらについては私個人として否定するものではありませんし、人によっては多大なメリットだと思います。でも、本当にこのメリットだけで判断していいのでしょうか？

住宅ローンに限らず、お金に関する選択をするときは「**機会費用**」の概念を持つことが大切です。機会費用とは、ある選択を行うことで失ってしまうものの価値を意味します。

たとえば私は低金利で住宅ローンを長く組みつつ、浮いたお金で資産運用を行っていますが、もしその余裕資金で繰上返済をしたら、資産運用で得られたはずのリターンを失うことになってしまいます。

ですので、繰上返済するかどうかの判断には「繰上返済したときのメリット」と「住宅ローンを借り続けたときのメリット」をしっかりと比較する必要があります。あえて繰上返済しないとどうなるのか、それも踏まえたうえで判断するようにしましょう。

では、住宅ローンを借り続けるメリットは何でしょうか？　これこそ、先ほどお伝えした「220万円＝0・2％のリターン」ですよね！　支払う金利以上にリターンが得られるので、借金からの解放という精神的メリットがよほど大きくない限り、繰上返済する意味はないです。

メリットにはもう一つあります。それは手元に現金を残しておくことができる、ということです。「Cash is King」（現金は王様）という格言があるように、現金は家計を守るための生命線であり、いわば酸素のようなものです。会社経営をしている方はこのことを強く意識していて、積極的に銀行からお金を借りて資金が枯渇しないようにしていますし、そもそも繰上返済をすることはまずありません。

繰上返済をすることは、手元の資金を失うことにつながります。後から「家計が厳しいのでやっぱりお金を戻してください」と銀行にいっても不可能です。

繰上返済をした時点ではある程度手元資金に余裕があっても、将来には教育資金、リフォーム資金といったまとまった資金が必要となることもあります。そのときにあらためて銀行から借りようとすると、住宅ローンよりもはるかに高い金利が2～3％程度取られてしまいます。

そう考えると、低金利の住宅ローンを繰上返済せず、余裕資金を教育費やリフォーム費用にあてるほうが金利負担を引き下げられますよね。〝家計の経営者〟として合理的判断をしてもらいたいと思います。

また、低金利の住宅ローンを借りることで生まれる余裕資金を資産運用に回せることも見逃せません。

たとえば、残り返済期間20年・500万円・金利0・5％の住宅ローンを借りていたとして、その500万円を一括で繰上返済した場合と、同じ500万円を年率2％の資産運用に回した場合を比較するとどうなるでしょうか？

結果は、繰上返済で削減できる金利が26万円であるのに対して、資産運用で得られる利益は243万円です。図13の通り、どちらがお得かは一目瞭然ですね。今回は保守的に資産運用のリターンを年2％で計算しましたが、経済情勢によっては年5％以上になる可能

図13：繰上返済 vs 投資の差は9倍！

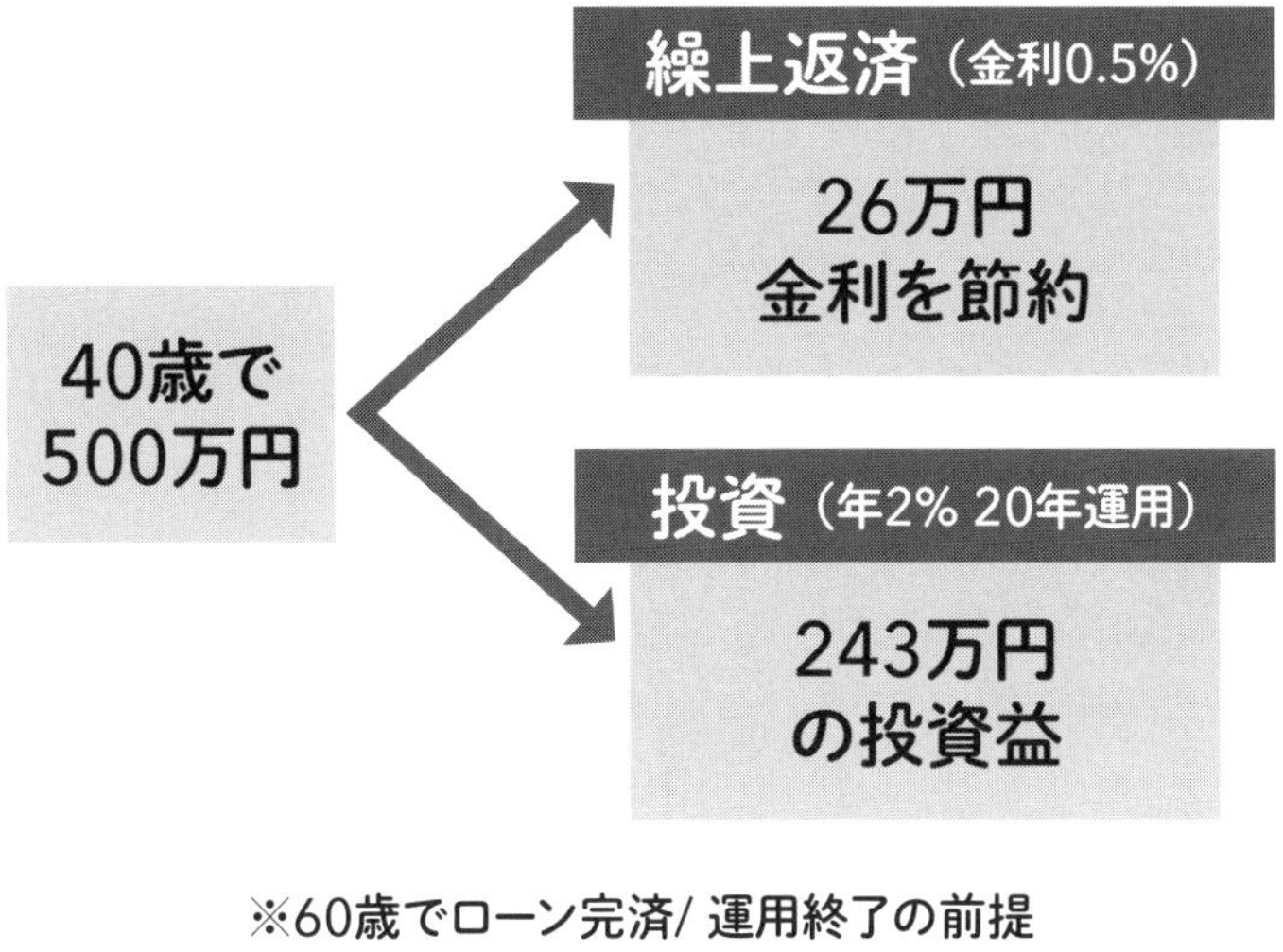

※60歳でローン完済/ 運用終了の前提

出所：筆者作成

性もあり、その場合はますます繰上返済よりも資産運用を選択したほうが利益が大きくなります。

というわけで、繰上返済をする前にぜひ「こんなにお得な住宅ローンを手放してもいいのか？」ということをしっかり考えてください。

もし繰上返済したほうがいい状況があるとすると、**資産運用の想定利回り以上に住宅ローンの金利が上がった場合**に限られます。たとえば変動金利が3％程度に上がって、資産運用だと2％ほどの利回りといった場合です。

とはいえそのような状況が来ることは今のところ考えにくく、現金に余裕ができたら、繰上返済よりメリットの大きい資産運用を選んだほうがよいと考えています。もちろん、繰上返済しなかった分を浪費してしまっては意味がないので、その点の資金管理はしっかりと行いましょう！

余談ですが、日本人の繰上返済を好む性格が、政府が推進する「貯蓄から投資へ」の流れを妨げていると思います。

手元に300万円あったら、住宅ローン返済に使うのが日本人の典型的な行動パターンといえますが、理屈から考えると「住宅ローンは借り続けるべき」という結論に至るはずです。

第3章

住宅ローンの一番お得な借り方・返し方

変動金利と固定金利の違い

住宅ローンがいかにメリットが大きいのかを説明してきましたが、同じ住宅ローンでも、その借り方によってメリットに差が出てきます。

とはいえ、そこまで難しい話ではないので安心してください。基本的には次の5点を正しく選択することで、住宅ローンのメリットを最大限発揮することができます。

【住宅ローンの主な選択肢】

- **金利タイプをどうするか（変動金利・固定金利・10年固定）**
- **予算をどうするか**
- **いつ借りるか**
- **返済期間をどうするか**
- **どんな団信を選ぶか**

まず金利タイプについては、私は「変動金利が有利」と思っていますが、そもそも住宅ローンの金利タイプにどんな違いがあるのかを理解しておきましょう。

【金利タイプ】
変動金利：半年ごとに金利が見直される
固定金利：完済まで同じ金利
10年固定：10年間は固定、11年目から変動か固定を選べる

一つ目は変動金利。「変動」という名称なので常に変動しているように思われがちですが、実際はそうではなく、よくあるのは4月1日と10月1日の半年ごとに見直されるケースです。もし金利が変動した場合、3か月後の7月または翌年1月から新金利が適用されます。

二つ目の固定金利は、完済までずっと同じ金利が続きます。たとえば35年ローンを固定金利で借りると、35年間金利が変わりません。全期間固定金利や35年固定と呼ばれることもあります。

三つ目の10年固定は、最初の10年間は固定金利で、11年目以降は変動か固定かを選べるという途中から金利タイプを切り替えられる商品です。10年固定のほかに、5年固定や20年固定などの固定期間が異なる商品もあり、これらをまとめて固定特約型商品と表記する

図 14：住宅ローン金利の推移

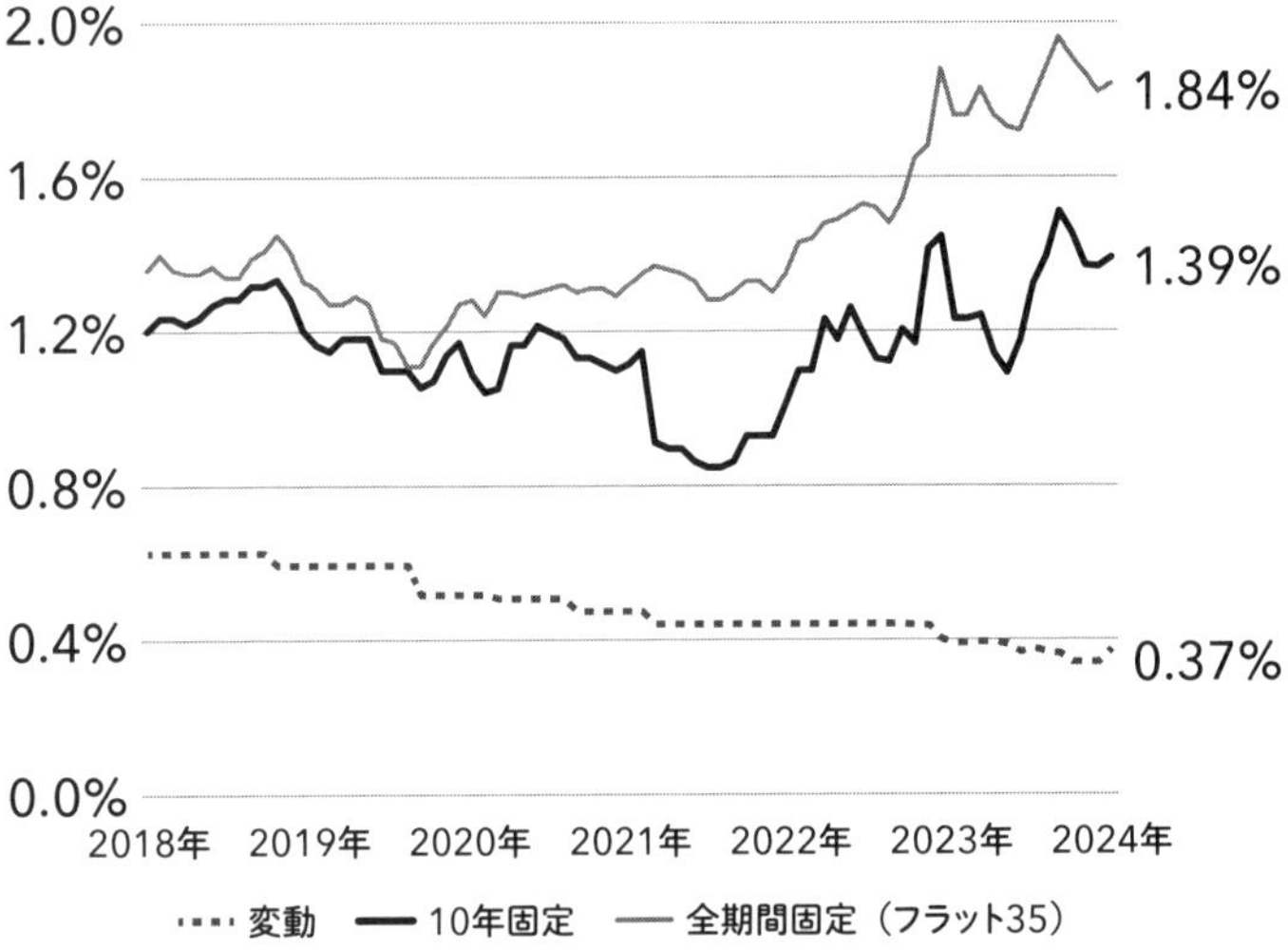

出所：モゲチェックの金利データをもとに筆者作成

銀行も多いです。

変動金利が向いているのは「金利リスクへの備えを行いつつ、金利支払額を抑えるメリットを取りたい方」です。図14はモゲチェックが集計している住宅ローンの平均金利です（2024年3月時点）。固定金利や10年固定と比べて、変動金利のほうが低いため、月々の返済額が少なくてすみます。

変動金利を選択する人の割合は年々増え続けていて、独立行政法人住宅金融支援機構「住宅ローン利用者の実態調査」によると全体のおよそ7割に上っています。一方、10年固定や20年固定などの固定期間選択型は2割、全期間固定型は1割となっており、年々減

図15：変動金利の決まり方

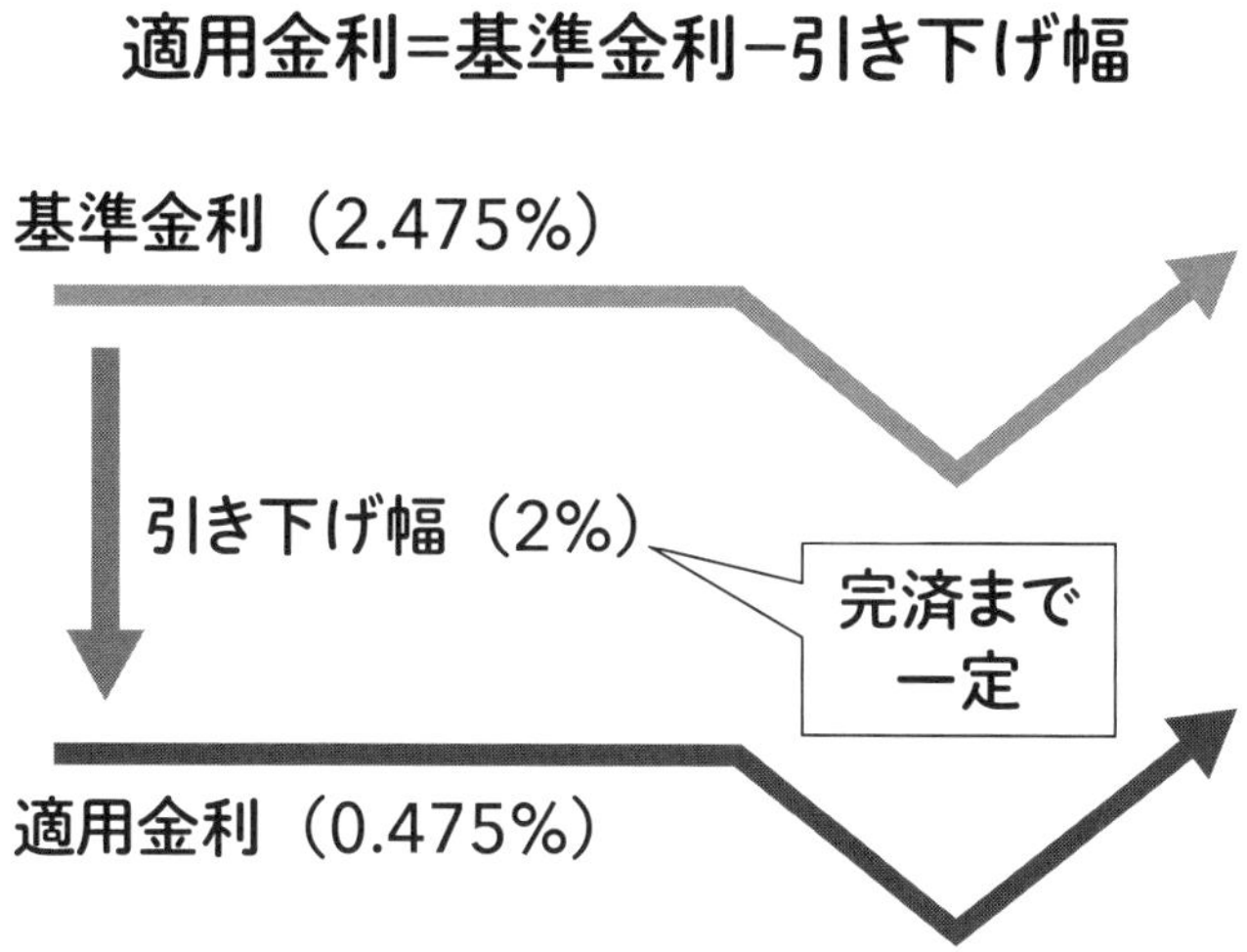

出所：筆者作成

少しています。

ここで変動金利の決まり方についても解説しておきましょう。実際にみなさんが支払う金利を「適用金利」といいますが、適用金利は金融機関が定める「基準金利」から一定の引き下げ幅（優遇幅）を差し引いて決まります。たとえば、図15のように、基準金利が2・475％で引き下げ幅が2％の場合、2・475％−2％＝0・475％が適用金利となります。基準金利は定価、引き下げ幅はディスカウントとお考えください。なお、引き下げ幅は審査時に決定され、完済まで一定です。

そして、この基準金利は、短プラ（短期プライムレート）と呼ばれる金利

図16：銀行は引き下げ幅を拡大してきた

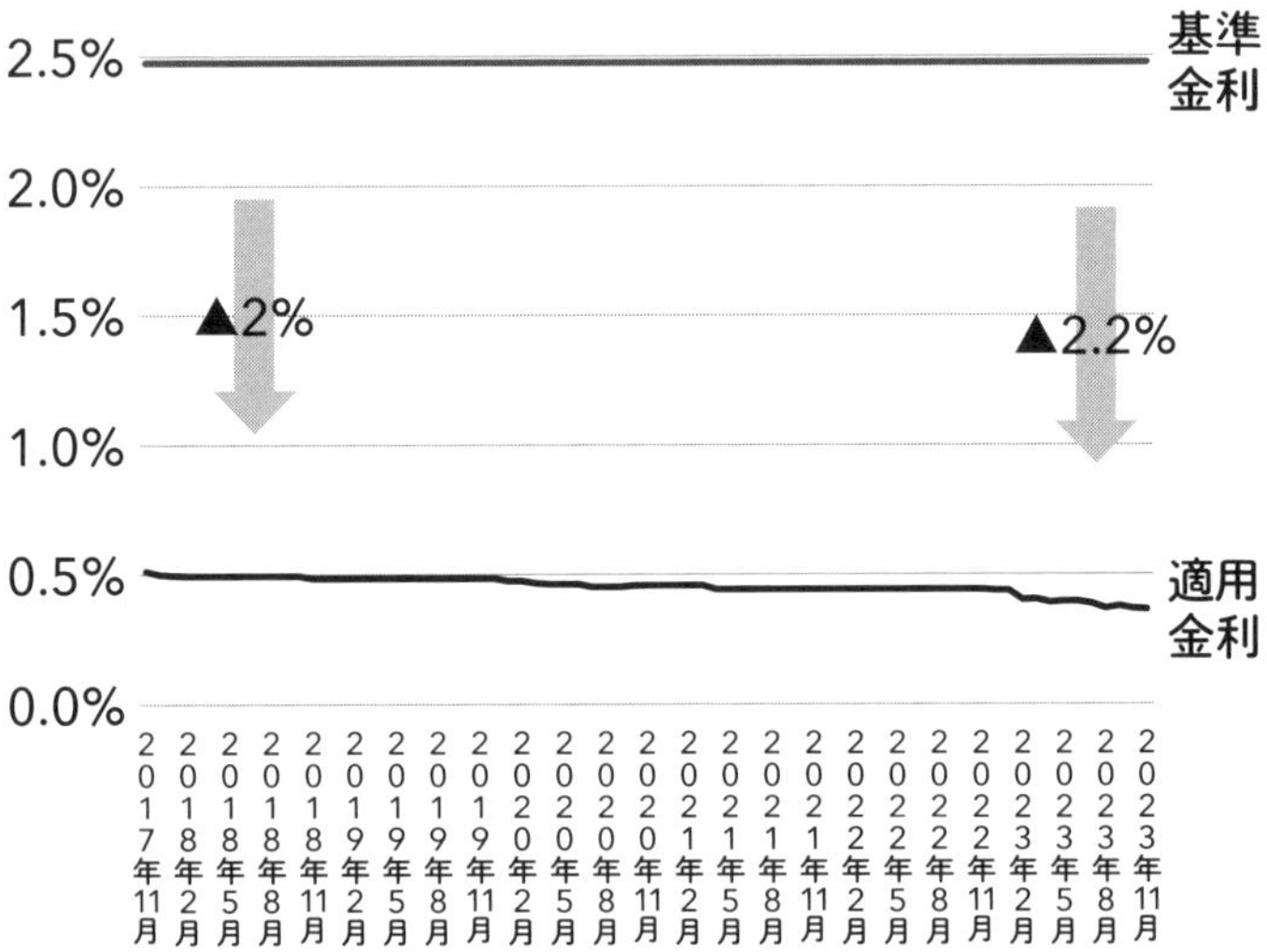

出所：モゲチェックの金利データをもとに筆者作成

に1%足したものとする銀行が一般的です。短プラは銀行が優良企業に資金を貸し出す際の最優遇金利（プライムレート）のうち、1年以内の短期金利を指します。

　この短プラは2009年頃から変わらず一定となっているのですが、新規に貸し出す人向けの適用金利は過去20年近くにわたってほぼ一貫して低下し続けています。

　この理由は、ネット銀行が住宅ローン市場に参入したことや、スマートフォンの普及によって各行の住宅ローン金利を比較しやすくなったこと、さらには2016年に日銀がマイナス金利政策を開始したことで、銀行は新規に貸し出す人向けの引き下げ幅をどんどん拡大してきたからです（図16）。

２０２４年3月現在の変動金利は、ネット銀行は０・２〜０・４％台、メガバンクでは０・３〜０・４％台、地方銀行では０・３〜０・６％台が中心となっていて、１・５〜２％程度の固定金利に比べて明らかに低い金利になっています。

ですが、「今は変動金利がよくても、将来は上がるのでは？」と不安を感じる人は多いと思います。繰り返しとなりますが、私は、徐々に金利は上がる可能性があるものの、大幅な上昇はないと予想しています。この点については、第4章と第5章で解説しますので、理由がおわかりいただけると思います。

変動金利＋資産運用が最強

第2章では、これから到来する緩やかなインフレ時代は、「住宅ローンを借りて家を買うこと」自体に大きなメリットがあることを説明しました。今後、インフレとともに不動産価格が高くなっていくことや、住宅ローンの実質負担が目減りすることを考えると、早めに家をゲットしておくのが吉です。

低金利で住宅ローンを借りると、毎月の返済額が少なくてすみます。同じ３５００万円を借入期間35年で借りるにしても、金利1・8%なら毎月の返済額は11万2382円ですが、金利0・5%なら9万855円です。このように、低金利の住宅ローンを選ぶとそれだけで家計に余裕が生まれます。

さらに、低金利によって実現した余裕資金を資産運用することで、よりいっそうお得度を高めることができます。とくに変動金利で借りた場合、通常は0・5%以下の低金利になるため、固定金利を支払っているつもりで、「固定と変動の差額を運用する」ことで、金利を**「実質0%」**にすることも可能なのです。

「本当にそこまでの効果があるの?」と思われる人のために、さっそく以下の条件でシミュレーションしていきたいと思います。

- 借入元本:3500万円
- 返済年数:35年
- 変動金利:0・5%

この条件のもと、「固定金利(1・8%)と変動金利(0・5%)との差額」を「株式投資で35年間、毎月積立投資で運用(投資リターンは年2%)」するといくらになるでしょう

図17：変動金利+積立投資の試算結果

返済回数	①毎月返済額（変動金利）	②毎月返済額（固定金利）	②−①毎月積立額	③資産総額（年2%運用）	④積立総額	③−④リターン
1	90,855	112,382	21,527	21,563	21,527	36
2	90,855	112,382	21,527	43,162	43,054	108
3	90,855	112,382	21,527	64,797	64,581	216
4	90,855	112,382	21,527	86,467	86,108	359
⋮						
419	90,855	112,382	21,527	13,057,154	9,019,813	4,037,341
420	90,855	112,382	21,527	13,100,479	9,041,340	4,059,139

（円）

出所：著者作成

か？　なお、変動金利は一定とします。

図17の通り、固定金利と変動金利で比べると、月々の返済額として2万1527円が毎月浮くことになります。次に、この差額を年利2％の利回りで35年間積立投資をしたとすると、投資の利益総額は、約406万円です。この利益に対して約2割の税金がかかりますが、それでも税引後の利益が約325万円残ります。

一方、0・5％の金利で35年間借り続けたときに、支払わなくてはならない金利の総額（金利コスト）を計算してみると、約316万円です。

この結果を比べると、「資産運用で得られる収益325万円」に対して「負担する金利コスト316万円」ということになり、ほぼ一緒の金額になります。

つまり35年間のトータルで考えると「変動金利で毎月9・1万円を返済」しながら「毎月2・2万円の資産運用」を組み合わせることで、実質的に住宅ローン金利の負担をゼロにできるというわけです。

このように、資産運用によって得られるリターンは、住宅ローンの金利負担を大きく引き下げてくれます。

変動金利ユーザーにとっては、「将来の金利上昇」のリスクが気になると思います。先ほどお伝えした通り、徐々に金利が上がる可能性はありますが、そのスピードは緩やかなものと考えています。この時間の猶予を使って運用をすることで、金利上昇の影響をクッションのように和らげてくれるはずです。

しかも、今回のシミュレーションでは資産運用の利益から税金を引いていますが、NISA（少額投資非課税制度）やiDeCo（個人型確定拠出年金）など、運用益を非課税にしてくれる制度を使えば、さらに効果的です。

ちなみに、「資産運用をしたら本当に2％のリターンを出せるの？」と疑問に感じる人もいると思います。たしかに、将来の資産運用のリターンは100％正しく予測することはできませんから、リターンが2％を下回る可能性もないわけではありません。

図18：S&P500の運用利回り

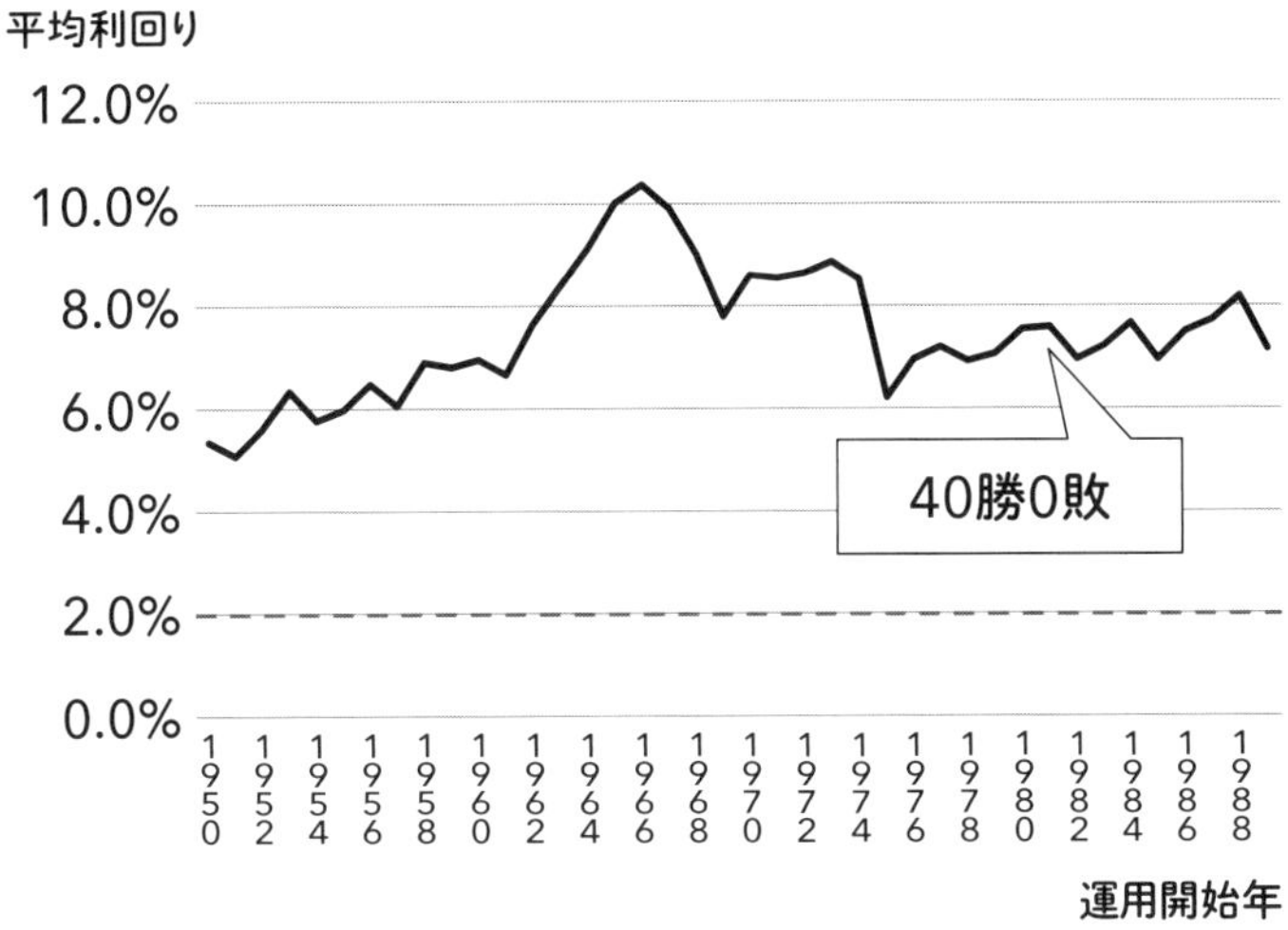

出所：stooqのデータをもとに筆者作成

ただ、過去の資産運用のパフォーマンスを基に勝率をある程度分析することはでき、これによると低めに見積もっても2％のリターンは実現できると考えています。

たとえば、「毎月一定金額を米国株（S&P500）に投資」「運用年数は35年」という条件で、1950年から2023年までのデータを分析したところ、図18のような結果が出ました。

なんと、ほぼどの年に運用を始めても、35年間運用すれば、2％どころか6～10％のリターンを叩き出しています。先ほど仮定した「投資リターン2％」に対しては、文句なしの勝率100％ですね。

図19：日経平均の運用利回り

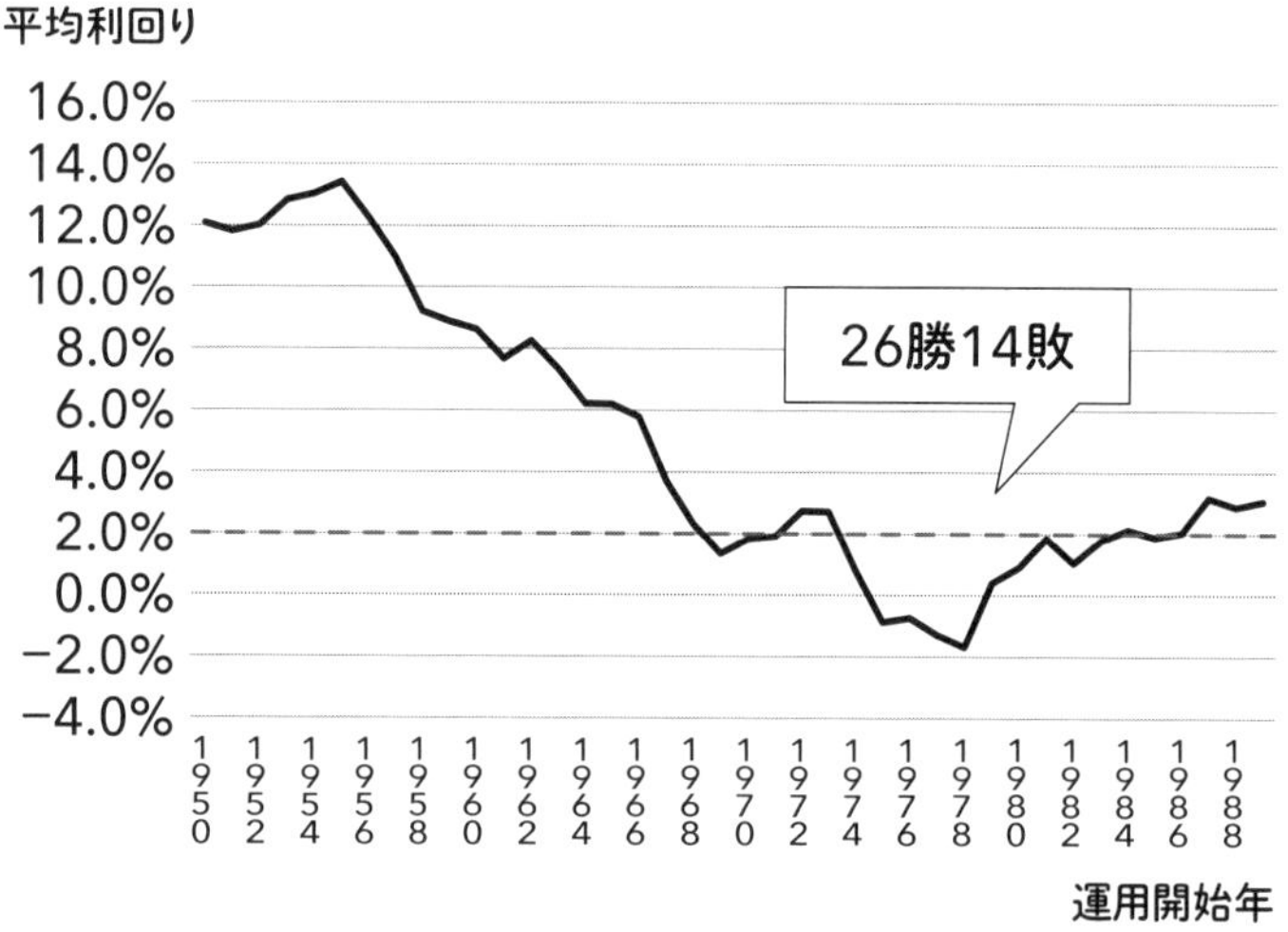

出所：stooqのデータをもとに筆者作成

一方、これが日経平均だと、図19の通り、日本株も高度経済成長期が含まれる期間は10％前後のリターンがありましたが、近年は2％を下回ることもあり、1950年から2023年までの勝敗は26勝14敗でした。（最近は日本株、調子いいですよね！）

日本と米国の結果の差は、近年の経済成長率に大きな差があるのが原因です。米国では今後もAIを始めとしたIT分野での大きな成長が見込まれますので、長期運用での投資先として期待がもてます。

このように、投資対象とする国や銘柄を間違えず、長期投資・分散投資をしていれば、リスクを大きく減らせます。

そして、投資をするのに特別なスキルは必要なく、私自身、ＮＩＳＡでＳ＆Ｐ５００を買って「ほったらかし投資」をしているだけです。

「投資よりも自分の仕事に集中したい」「お金には働いてほしいけれど、そのために自分自身の手をわずらわせたくない」という方には、ほったらかし投資がおすすめです。

なお、「変動金利で金利リスクとっているのだから、投資ではなく貯金のほうが安全では？」と思う人もいるかも知れませんが、インフレ時代は現金の価値が毎年確実に下落していきます。むしろ、**現金（貯金）のほうがリスク**だと考えています。

以上まとめると、「変動金利＋米国株を長期分散投資（ほったらかし投資）」という戦略がおすすめです。住宅ローンによって自宅の購入費の支払いを35年間も猶予してもらっているわけですから、この時間を資産運用で最大限活用しましょう！

住宅ローンはいくらまで借りられる？

いくら住宅ローンのメリットが多くとも、どれくらいの予算でお金を借りるかはきちんと考えておく必要があります。もし借りられるだけ目一杯借りてしまうと、やはり家計が苦しくなってしまうからです。また、身の丈に合わないほど多くの住宅ローンを借りようとすると、そもそも審査に通りません。

そのため「いくらまで借りられるか?」だけでなく、「いくらなら余裕をもって返せるか?」もきちんと確認しておくことが大切です。

安定収入のあるサラリーマンや公務員であれば、年収の10倍近くを借りられる可能性もゼロではないです。この与信力を使えば、1億円を超えるような都心の駅近タワマン、いわゆる「億ション」を買って値上がり益を追いかけることも可能です。

でも、それだけの高額なローンを組んでいると、日々の生活は結構大変です。よほど家計管理ができている人でない限り、余裕をもったローンの組み方を意識しておきたいものです。

住宅ローンの予算を決めるにあたって、まず押さえておきたいのが**「返済比率」**です。これは、「年収の何%を住宅ローンの返済にあてるか」を見るもので、「住宅ローンの返済額÷税引前の額面収入」で計算されます。

ちなみに、返済比率の計算において、住宅ローン返済額は実際よりも高い審査金利(3~3・5%)を用いて計算します。これは、金利上昇した場合でも家計が返済に耐えられるかをテストするためです。裏を返せば、審査に通った人は変動金利が3%程度になって

図20：年収別住宅ローン借入額の目安（単位：万円）

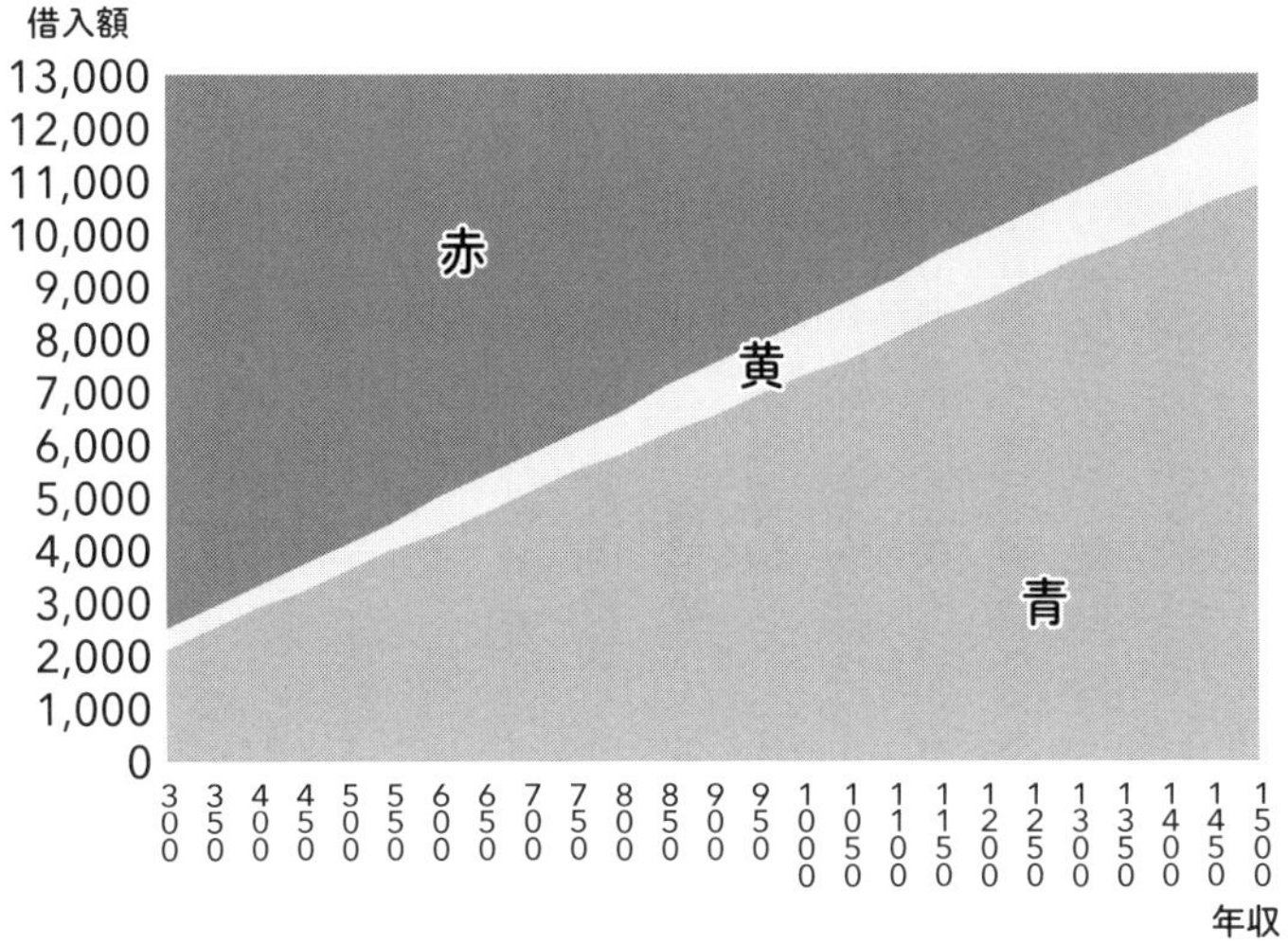

出所：筆者作成

も返せると銀行からお墨付きをもらったともいえます。

返済比率が35％以下であれば一般的には問題なく審査をクリアできるレベル（青信号）です。しかし、35〜40％になるとだんだん厳しくなっていき（黄信号）、40％を超える（赤信号）レベルになると審査が通らないことが多くなります。

たとえば、年収480万円（額面）で3000万円の借入れだと、収入は毎月40万円、審査金利3％で計算したローン返済額は毎月約12万円となります。この場合の返済比率は12万円÷40万円×100＝約30％です。ということは青信号なので、審査はクリアできると見込まれます。
年収に見合わない高額な住宅ローンを組もうとすると、返済比率が高くなるので、ローン審査に通らなくなってしまいます。その判定基準は銀行によって多少差があるのですが、図20のように、年収別に青信号・黄信号・赤信号の範囲をまとめたので、ご自身の年収に当てはめてチェックしてみてください（審査金利3・25％前提）。

【年収別住宅ローン借入可能額の目安】
- 年収300万円：青信号は～2200万円、黄信号は～2500万円
- 年収400万円：青信号は～2900万円、黄信号は～3300万円
- 年収500万円：青信号は～3600万円、黄信号は～4100万円
- 年収600万円：青信号は～4300万円、黄信号は～5000万円
- 年収800万円：青信号は～5800万円、黄信号は～6600万円
- 年収1000万円：青信号は～7300万円、黄信号は～8300万円
- 年収1200万円：青信号は～8700万円、黄信号は～1億円

このように年収別に検証すると、億ションを買うには最低でも年収1200万円はない

と審査が厳しいということがわかります。

ちなみに、「住宅ローンの借入額が年収の何倍か」を意味する**「年収倍率」**もよく使われます。返済比率と考え方は同じです。同様に信号機の色であらわすと、

- **7倍までが青信号**
- **7〜8倍が黄信号**
- **8倍以上が赤信号**

です。このほうが覚えやすいですね。

年収倍率で考えたとき、年収の7倍までなら青信号ですが、住宅ローン以外にも借入れがある場合は要注意です。無担保ローンがあると返済比率の計算に合算されてしまいます。先ほどの例で無担保ローン返済が毎月4万円の場合、返済比率が40％を超えて審査否決となるでしょう。

住宅ローン審査をクリアしたいのなら、まずは「年収の7倍までの住宅ローン」とすべきです。**なお、私のおすすめは、予期せぬ金利上昇への備えも踏まえ、家計に余裕を持つためにも「年収の5倍まで」です。最大でも「年収の7倍まで」ですが、この場合は**

家計管理をしっかりとやる必要があります。

ゆとりをもって返済できる金額は？

先ほど説明した「返済比率」と「年収倍率」は、あくまでも収入だけをベースにした考え方であり、「銀行が住宅ローンをどれくらい貸してくれるのか？」を知るときには便利です。

でも、実際は同じ年収であっても家計は大きく違います。お子さんが何人いるのか、他のローンを抱えていないか、趣味などの出費があるのか、といった要素も考えないと、やはり余裕をもったローン返済が難しくなるおそれがあります。

住宅を買ったあとにかかるコストはローンの返済だけではありません。固定資産税や火災保険料、マンションの場合は管理・修繕積立費なども発生します。また、住居費を払った残りで食費や交際費、教育費、自動車関連費、それから保険や投資、旅行費用などを払うので、これらが無理なく払えるのかをシミュレーションしておきましょう。

そのための「簡易診断」は、次の二つのステップで行います。

図21：家関連の支出と手残り

		金額（万円）
収入	①毎月給与	42
	②税金	9
	手取り（①－②）	33
支出	③住宅ローン（元本3,500万円 金利0.5%）	9
	④管理・修繕積立費	3
	⑤固定資産税	1
	⑥火災保険料	0.1
	支出合計（③+④+⑤+⑥）	13
手残り		19

出所：筆者作成

①月収から税金と住宅費用を控除する
②その手残りで余裕ある生活ができるかをチェックする

では、年収500万円で3500万円（年収倍率7倍）の住宅ローンを組んだと仮定し、家計が回るのかどうかをチェックしていきましょう。図21の通り、目安の金額をまとめました。

まず、年収500万円の場合、税金等を差し引くと手取りは33万円です。

そして、3500万円を変動金利0・5%で借りたときの毎月返済額は9万円、管理・修繕積立費で3万円、固定資産税と火災保険料も月割で勘案する

図 22：生活支出

支出費目	金額（万円）
食料	7.3
交通・通信	3.8
教養娯楽	2.2
光熱・水道	2.1
保健医療	1.6
家具・家事用品	1.2
被服および履物	0.8
教育	0.5
その他の消費支出	4.5
合計	24

出所：総務省

と、手取り給与から住居費を引いた手残りは19万円になります。ということは、この19万円で食費や教育費などを賄わなくてはいけません。

では、一般的な年収500万円の世帯の支出を見てみましょう。図22の通り、総務省統計局のデータによると、各費目を合計すると24万円となっています。先ほどの計算では手残りが19万円ですから、どこかをうまくやりくりしないと毎月赤字になってしまいます。なんとなく返済のイメージはつきましたでしょうか？

続いて図23では、年収300万円から1500万円の家計で、仮に青信号である年収倍率7倍の住宅ローンを借りた場合の手残り額の目安を計算しています。

この図にあなたの年収を当てはめて、最下段にある手残りから、教育費や食費、交通費、保険料、投資資金、レジャー費、老後費用などを捻出できるのか……と考えてみてください。また、予期せぬ金利上昇があった場合の負担増加分も考慮する必要があります。たとえば元本3500万円で金利が1％上昇すると、毎月返済額は約1・7万円増加します。大幅な金利上昇は考えづらいですが、**仮に2％程度の金利上昇があったとしても耐えられる家計にはすべき**です。

このようにシミュレーションを行った結果、手残りの金額で生活費などを賄えそうになければ、この金額のローンを組むのは危険ということですから、何か対策を講じる必要があります。

余談になりますが、住宅ローンの返済方法には「ボーナス返済」という方法があります。毎月返済額が少ない代わりに、ボーナス月に返済額が増える方式です。この返済方法はおすすめしません。なぜならば、ボーナスは大きく変動する可能性があるため、ボーナス月の返済に苦しむ懸念があるからです。返済を滞りなく行うためにも、毎月均等払いをおすすめします。

800	900	1,000	1,100	1,200	1,300	1,400	1,500
67	75	83	92	100	108	117	125
17	20	22	26	28	32	36	39
50	**55**	**61**	**66**	**72**	**77**	**81**	**86**
15	17	19	21	23	25	26	28
3	3	4	4	4	4	4	4
1.7	1.9	2.1	2.3	2.5	2.8	3.0	3.2
0.1	0.1	0.1	0.1	0.1	0.1	0.1	0.1
20	**22**	**25**	**27**	**29**	**32**	**34**	**36**
30	**33**	**36**	**39**	**43**	**45**	**47**	**50**

（万円）

さて、買いたい家があるのに黄色信号や赤信号水準まで住宅ローンを借り入れないといけない場合はどうすればいいのでしょうか？

一つ目の方法は、昇給や共働きによって収入を増やすというものです。たとえば夫が年収４００万円だと、年収倍率での青信号の目安は7倍の２８００万円、黄信号の目安は３２００万円です。ここで配偶者が働いたり、あるいは昇給したりして世帯年収が６００万円に増えると、青信号は４２００万円、黄信号は４８００万円まで上がります。青信号の上限だけでも１４００万円もアップするので、年収増は大きなインパクトがありますよね。

あるいはパートタイムから正社員になっ

図23：年収別の家関連の支出と手残り

		300	400	500	600	700
収入	①毎月給与	25	33	42	50	58
	②税金	5	7	9	11	14
	手取り(①-②)	**20**	**26**	**33**	**39**	**44**
支出	③住宅ローン	5	8	9	11	13
	④管理・修繕積立費	3	3	3	3	3
	⑤固定資産税	0.6	0.8	1.1	1.3	1.5
	⑥火災保険料	0.1	0.1	0.1	0.1	0.1
	支出合計(③+④+⑤+⑥)	**9**	**11**	**13**	**16**	**18**
手残り		**11**	**15**	**20**	**23**	**26**

出所：筆者作成

たり、ご両親などから住宅資金の贈与を受けたりする方法も考えられます。贈与を受けると普通は贈与税がかかるのですが、住宅取得資金として贈与を受けた場合の特例措置があるので、検討するといいでしょう。

二つ目の対策は「支出を減らすこと」で、たとえば都市部であれば車を手放して、必要なときにカーシェアを利用するなどの方法があるでしょう。その他、外食や無駄なサブスクおよび不要な保険など削れるところがないかを見直しましょう。

もし、これら二つの対策を考慮しても厳しいのであれば、そもそも住宅ローンの予算が高すぎます。したがって、家を買う地域を変えたり、最寄り駅からの距離が遠い物件も視野に入れたり、部屋数や築年数を妥協したりして、予算を抑えることを検討しましょう。

つまるところ、高額ないい物件を追求すると家計がキツくなりやすく、家計の余裕を優先すると物件に妥協する必要が出てきます。

このどちらを選ぶかは人それぞれですが、高額物件を選ぶなら、好立地（駅徒歩1〜3分など）を重視して、売却時に値崩れしない出口戦略が必要です。日本でこれからインフレが進むことを考えると、値上がり益を期待して多少背伸びするのはアリだと私は思っています。

一方、家計の余裕を優先するとエリアや物件のスペックは落ちますが、**「住めば都」**という言葉があるように、その地域や物件のよいところを見つけていけば、選択に納得感があるのではないでしょうか。たとえば駅から離れていると、その分、周りに緑も増えるでしょうし、静かな環境が手に入るかも知れません。予算を下げるので、家計にも余裕が出ます。資産性を手放した代わりに居住性と家計の余裕を得たのだ、と前向きに考えるのが幸せに暮らすコツだと思います。

住宅ローンを最も借りやすい年齢がある

皆さんは、「いつまでに家を買いたい」という目標を持っていますか？「家は一生に一度の大きな買い物」と呼ばれるくらいですから、なかなか決断がつかない人もいるのではないでしょうか。

ここで意識したいのは、「住宅ローンを借りられる年齢は限られている」ということです。40歳を超えると健康診断でひっかかる人も増えてきます。もし健康を害してしまうと団信の審査に落ちる可能性があり、そうなるといくら年収が高くてもローンは組めません。定年に近づいてくると、安定収入の観点から住宅ローン審査が厳しくなります。

そこでおすすめしたいのが、「住宅ローンの借りどき」を家を買うタイミングの目安にするという考え方です。

住宅ローンの審査は、年齢や収入、勤め先に左右されるため、いつでも望むだけのお金を借りられるわけではありません。そのため、「希望する家を買いたい」「できるだけ頭金を入れずに手元資金を残したい」などの希望があれば、借りやすいときに借りるのが鉄則です。

では、ここからは年齢別に借入可能額をシミュレーションしていきます。今回は次のような属性の方を前提に、モゲチェックの「借入可能額シミュレーション」を使用して、年収や勤続年数が伸びたときに、頭金ゼロでどれぐらい借入れできるかの目安を試算しました。年収の伸びは一般的な中小企業を前提としています。

- **22歳**
- **製造業の正社員で営業職（従業員１００人未満）**
- **転職なし**
- **年収２５０万円、資産０円**
- **独身**

まず20代のシミュレーション結果はこちら。図24は年齢・社歴・年収と借入可能額の計算結果をまとめたもので、たとえば22歳（社歴1年目）・年収２５０万円の場合の借入可能額は１３２０万円です。年齢を重ねて社歴が長くなり、年収も上がっていくと借入可能額も増えていき、29歳時点で１９３０万円になります。

年収が増えると借入可能額が増えていくことがわかると思いますが、ここで注目したいのが年収倍率（住宅ローンの借入額÷年収）の変化です。図25の通り、1年目には年収倍率

図24：20代の借入可能額

年齢	社歴	年収	借入可能額
22	1	250	1,320
23	2	260	1,510
24	3	270	1,570
25	4	280	1,630
26	5	290	1,690
27	6	300	1,810
28	7	310	1,870
29	8	320	1,930

※年収と借入可能額の単位は万円

出所：モゲチェックの分析データ

図25：20代の年収倍率

年齢	社歴	年収倍率
22	1	5.3
23	2	5.8
24	3	5.8
25	4	5.8
26	5	5.8
27	6	6.0
28	7	6.0
29	8	6.0
30	9	6.0

年収が上がり
社歴が
長くなると
年収倍率もup

出所：モゲチェックの分析データ

5・3倍分しか借りられませんが、2年目には5・8倍に、6年目には6・0倍になります。社歴が長くなり年収も高くなると信用力が増し、年収倍率は上がっていきます。年収アップと年収倍率アップの相乗効果で、借入可能額はどんどん伸びるのです。

続いて30代になると、図26の通り、30歳時点では借入可能額が約2000万円ですが、年収増加とそれに伴う年収倍率のアップ（6・0倍→6・5倍）の効果で、39歳時点での借入可能額は3320万円という結果になりました。

ここまで順調に借入可能額が増えてきましたが、40代はどうなるでしょうか？　ちょっと意外に思う方もいるかもしれませんが、図27の通り、40歳時点では借入可能額が3450万円で、その後は年収が上がるにもかかわらず、借入可能額は横ばいになっています。これは、40歳を超えると定年までの年数が短くなるので、返済原資（借入時から定年までの収入総額）が減ることを考慮して融資額が伸びづらくなるためです。

そして50代も、図28の通り、年収倍率が下がっていきます。50歳では5・4倍、59歳では4・0倍まで下がります。年収640万円で一定にしているため、借入可能額もそれに応じて減少します。なお、借入可能額は理論値です。もし、定年直前の59歳で借りようとすると審査ハードルは相当高いものと覚悟ください。

話をまとめると、20代・30代は「年収が伸びる」「社歴が長くなる」という二つの理由

図26：30代の借入可能額

年齢	年収	借入可能額	年収倍率
30	330	1,990	6.0
31	350	2,120	6.1
32	370	2,240	6.1
33	390	2,360	6.1
34	410	2,570	6.3
35	430	2,700	6.3
36	450	2,820	6.3
37	470	2,950	6.3
38	490	3,080	6.3
39	510	3,320	6.5

※年収と借入可能額の単位は万円

出所：モゲチェックの分析データ

図27：40代の借入可能額

年齢	年収	借入可能額	年収倍率
40	530	3,450	6.5
41	550	3,530	6.4
42	560	3,530	6.3
43	570	3,540	6.2
44	580	3,540	6.1
45	590	3,530	6.0
46	600	3,560	5.9
47	610	3,540	5.8
48	620	3,520	5.7
49	630	3,500	5.6

※年収と借入可能額の単位は万円

出所：モゲチェックの分析データ

図 28：50 代の借入可能額

年齢	年収	借入可能額	年収倍率
50	640	3,470	5.4
51	640	3,380	5.3
52	640	3,290	5.1
53	640	3,190	5.0
54	640	3,090	4.8
55	640	2,990	4.7
56	640	2,890	4.5
57	640	2,780	4.3
58	640	2,660	4.2
59	640	2,550	4.0

※年収と借入可能額の単位は万円

出所：モゲチェックの分析データ

で、借入可能額は右肩上がりに上昇します。そして40代前半でピークとなり、50代に入ると定年までの年数が短くなる影響で、借入可能額は下がっていくのです。

なお、補足となりますが、余裕ある返済の目安は、30代では年収倍率5倍程度、40代になると、定年までの年数を踏まえて4・5倍まで。50代ではさらに抑えた4倍程度がいいと思います。

このように年齢がとくに重要なのですが、家族構成や職業もローンの借入可能額に影響します。たとえば31歳年収350万円の人は、独身であれば2120万円が限度ですが、結婚していれば2270万円にアップします。

独身者は結婚によって世帯構成が変わる

図29：結婚有無による借入可能額の違い

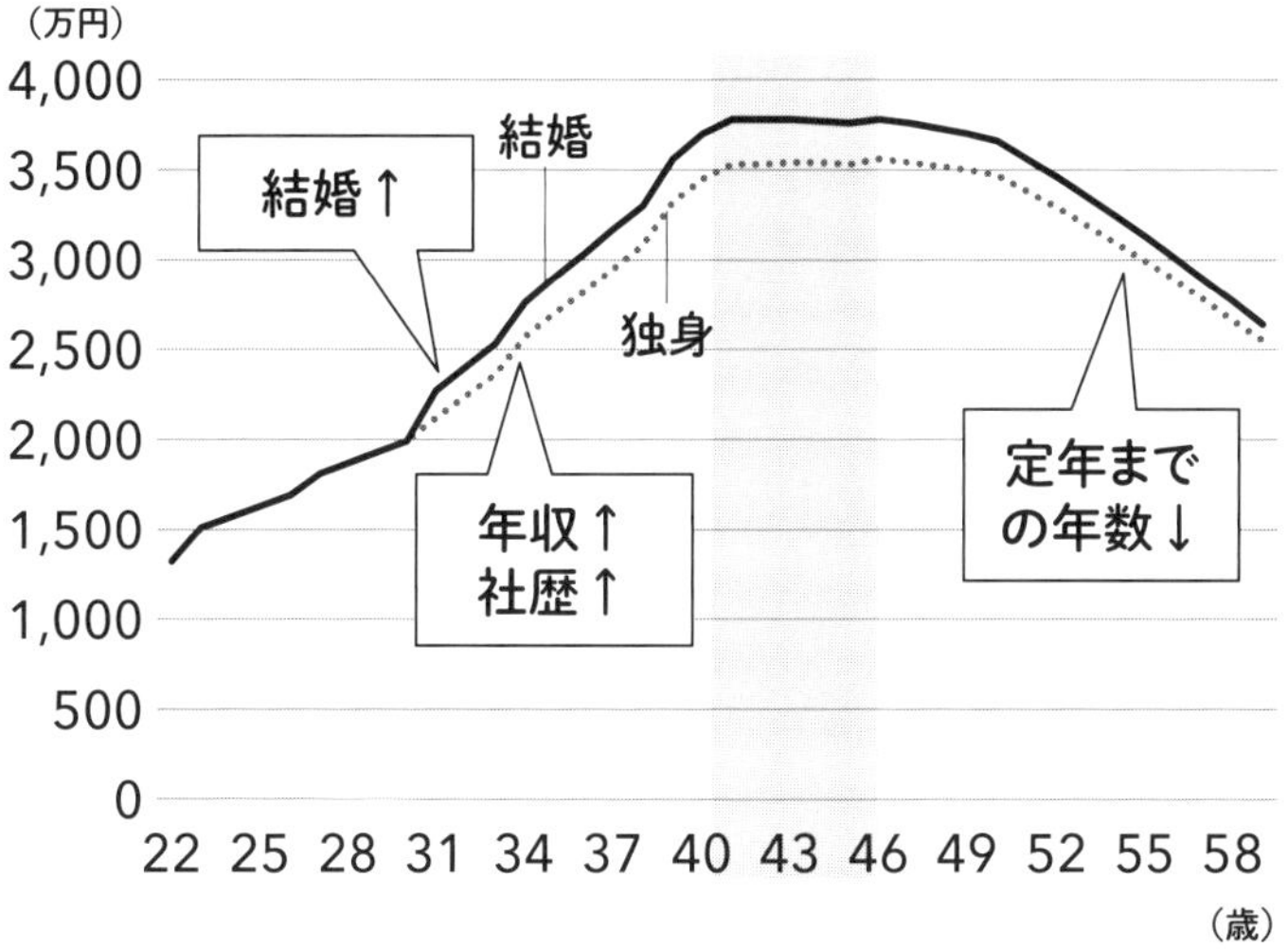

出所：筆者作成

可能性があり、購入した家を住宅ローンを借りたまま賃貸に出す人が時々いますが、（これはローン契約違反です！やってはいけません！）銀行は自己居住用として貸し出したものをそれ以外の用途に使われることを嫌うため、そのような懸念がある人には審査が厳しくなり、図29のように借入可能額が伸びないことがあるのです。

また、安定収入の大企業勤務は有利であり、40歳で年収530万円の人の場合、結婚&中小企業の場合は3700万円、結婚&大企業勤務の場合は4090万円と、借入可能額がアップします。

一方、自営業、法人役員、契約社員

のような就業形態の場合、逆に借入可能額は大きく下がってしまいます。先ほどと同じ条件で、就業形態を自営業・法人役員・契約社員に変更した場合、借入可能額は2560万円まで下がるので、ある程度予算を絞る必要が出てくるでしょう。起業や独立を考えている人は会社勤めしている間に住宅ローンを借りておいたほうが断然有利です。

マイホーム予算は、住宅ローンをどれくらい組めるかが肝になります。予算をできるだけ上げたければ多くのローンを組める40代前半がよいタイミングになるのですが、果たして若い人は40代まで家を買うのを待つべきなのでしょうか？　この点は次に検証します。

とはいえ、家を買うなら若いうちに

できるだけ多くの住宅ローンを借りる、という意味では、先ほど説明したように40代前半が最適です。そのためなのか、国土交通省の調査によれば40歳前後で家を買う人が多いようです。

「じゃぁ、40代になってから買えばいいのか？」というと実はそうでもないのです。なぜなら、購入時期が遅くなること自体が、実はお金の無駄遣いになるからです。

図30は、20歳～60歳を高年収の時期、60歳～80歳を低年収の時期と区分し、35年間の返

図30：住宅ローンの返済プラン

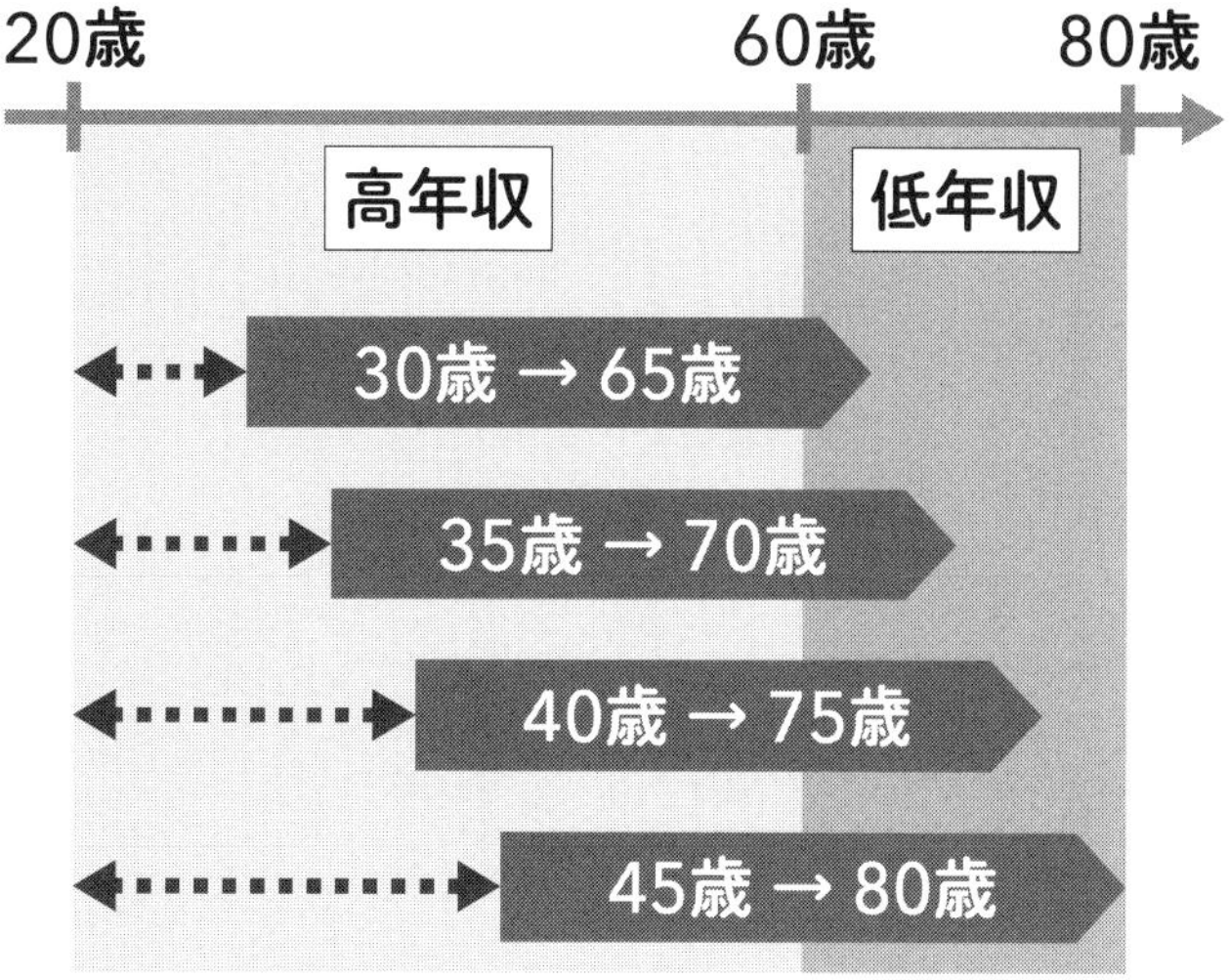

出所：筆者作成

済スケジュールを整理しています。

たとえば30歳で35年の住宅ローンを借りると、完済するのは65歳です。ということは、だいたいが高年収エリアに入っています。35歳から借りた場合も完済は70歳です。この二つの場合は住宅ローンを返済するのはほぼ高年収の時期になるので、返済は安心ですね。

しかし、40歳になると完済が75歳となり、低年収エリアの期間が長くなってきます。そして45歳から借りた場合は半分くらいが低年収エリアになってしまいますね。

これを見れば直観的に、借りるのが遅くなればなるほど返済に不安が出てくることがわかると思います。低年収の時期はローン返済が重くなり、家計が赤字になってしまうかもしれません。

ですが……私が本質的に問題だと考えているのはそこではなく、図30の中の点線の矢印で示した部分にあります。この矢印が意味するのは、「住宅ローンを借りる前の時期」です。つまり、賃貸に住んで家賃を支払っている期間のことです。この期間が長くなればなるほど、それだけ生涯賃金に占める家賃額が大きく増えます。

たとえば20歳で親元を離れて30歳で家を買う場合、家賃を支払う期間が10年間だけですから、残りの期間は家賃を払う必要がなくなり、収入を住宅ローン返済（家の購入）にあてることができますよね。

ですが、購入時年齢が40歳、50歳となると家賃を支払う期間が延びていきます。その状態でマイホーム予算をしっかり確保しようとすると、膨大な居住費（家賃＋住宅ローン）を一生の間に支払うことになります。

具体的な数字で計算してみましょう。生涯賃金を2億5000万円として、その1／4ほどを居住費にあてるとします。つまり、居住費は6000万円程度になりますので、この金額内に家賃と住宅ローンの合計額を収めなくてはいけません。

30代で買えば、家賃を払う時期が短いため、「家賃＋住宅ローン」が6000万円のなかに自然と収まりやすくなるでしょう。

図31：生涯賃金における居住費支払い

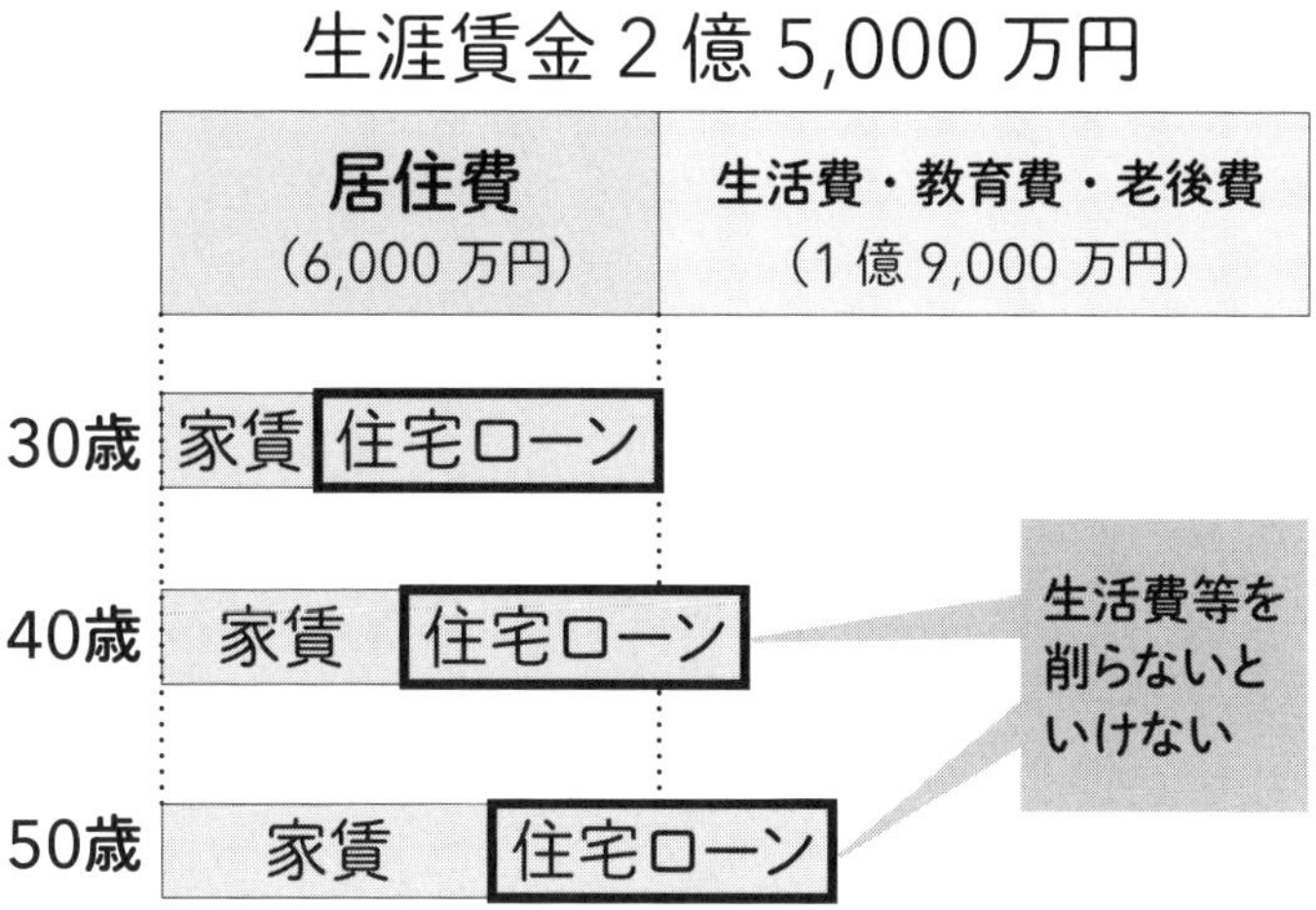

出所：筆者作成

しかし、40歳や50歳で買うと家賃を多く支払っていますから予算内に収めることが徐々に難しくなってきます。また、年齢が上がると年収も高くなり、住宅ローンも高額を借りやすくなるためマイホーム購入予算も自ずと上がりやすく、「家賃＋住宅ローン」が居住費の予算を超える可能性が高くなります。こうなっても無い袖は触れませんから、図31のように生活費・教育費・老後費などの支出のどれかを削らなければなりません。年齢が高くなってから家を買うと家計が苦しくなる原因はこれなのです。

このことを踏まえると、やはり私は早くから自宅を手に入れておくことが、その後の家計を楽にすることにつながると考えています。加えて、40代・50代になると健康問題が生じることで団信の審査に通らなくなり、そもそもローンを借りられなくなる方も一定数います。年齢が上がると健康リスクが高まることもしっかりと認識してください。

住宅ローンの返済は、物件の保有という資産形成につながります。一方で家賃は掛け捨てであり、いくら払っても自分の資産にはなりません。そう考えると、できるだけ早く家を買って、生涯賃金に占める家賃部分をいかに減らすかが大事なのです。

「住宅ローンは積立投資、家賃は掛け捨てコスト」

この言葉は覚えておきましょう。

そして、もしも40代以降に家を買うのであれば、居住費が大きくなる分、生活費・教育費・老後費の中から削るものが出てくる可能性があることを覚悟する必要があります。40代以降で、とくに高年収の方が家を買うときは、不動産会社の営業マンから「高額物件が買えますね！」といわれると思いますが、少し冷静になって、次の二つの言葉を思い浮かべてください。

「その年収、あと何年続きますか？」
「生活費・教育費・老後費のどれを削りますか？」

「20年払いor35年払い」どっちで組むのが正解？

さて、続いてはお得な返済年数の選び方についてもお伝えしたいと思います。住宅ローンが35年間で組めることは多くの方がご存じだと思います。ネット上の解説記事でも、だいたいは35年で組んだ場合で説明されていますよね。

でも、必ず35年にしないといけないわけではなく、返済年数を縮めるなど選択の幅があります。そのため、「いざ審査に申し込もう！」というときに悩む人が多いようです。

たとえば40歳で家を買う人は、35年ローンを組んだら完済年齢が75歳ですから、「定年までに返済できない」と不安を感じられるようです。そのような方は、住宅ローンの借入期間を35年ではなく20年に縮めたくなるかもしれません。

また、将来的な金利上昇を不安に感じ、できる限り早く住宅ローン返済を終えたいと考えている人もいるでしょう。そういう方も、同様にお考えかもしれません。

図32：20年ローンと35年ローンの返済額比較

	①20年	②35年	②－①差額
毎月返済額	15.3万円	9.1万円	▲6.2万円
金利総額	179万円	316万円	137万円

出所：筆者作成

そこで、このような悩みを抱えている方に向けて、「多少無理してでも返済期間を20年に縮める」と、「ゆとりを持って35年で組む」のどちらがいいかを検証したいと思います。

「元本：３５００万円」「金利：０・５％」として、20年ローンと35年ローンの場合で、毎月返済額と金利総額を比べたところ、結果は図32のようになりました。

20年ローンだと毎月返済額は約15万円で金利総額は約１７９万円です。35年ローンだと毎月返済額は約９万円で金利総額は約３１６万円になります。つまり、20年ローンだと毎月返済額は約６万円多くなるものの、金利総額は約１４０万円節約できるということですね。

では、結局どちらを選ぶほうがいいのでしょうか？

答えは……「35年ローンの一択」です！

その理由は三つあり、これまでの説明からもある程度予想できると思いますが、あらためて整理しましょう。

1　住宅ローンが低金利だから
2　住宅ローン減税があるから
3　20年ローンを借りると、後から返済期間を延ばせないから

一つ目ですが、20年ローンの場合は35年ローンよりも「毎月6万円多く支払って、金利総額が140万円節約できる」というものでした。6万円というと結構な金額なので、これを毎月捻出するのは結構大変ですよね。

「それでも140万円分の金利負担を減らせるならよくない？」と感じる方もいると思います。ですが、毎月6万円を用意できるなら、ローン返済ではなく資産運用に回すこともできます。

もしも毎月6万円を積み立てて、2％の利回りで20年間運用した場合、運用収益は約330万円にもなります。

ということは、35年ローンを組んでその差額6万円を運用に回したほうが多くのリターンを手に入れられるということです。もちろん運用にはリスクが伴いますが、2％の利回りは低めに見積もってのものですし、より多くのリターンを得られる可能性も十分にあります。

また、こうした損得だけでなく家計の安定性の観点からも、20年ローンはあまりおすすめできません。極端な話、お子さんが医学部に行く場合には学費が2000万円以上かかることもありますし、ご自身の勤め先の業績悪化やリストラでの収入減、転職での誤算といった可能性も考えられます。

そのようなとき、20年ローンで組んで毎月6万円も多く払っていたら、家計が回らなくなってしまう可能性が高まりますし、足りない分を教育ローンや自動車ローンなどで補おうとすると2%程度の高金利を取られてしまいます。これでは、低金利の住宅ローンをせっせと返して、高金利のローンを借りているのと同じですから、まるで意味がありません。

20年ローンを避けるべき理由の二つ目は、住宅ローン減税が関連しています。住宅ローン減税による控除額は、その年の年末のローン残高に基づいて計算されるので、20年ローンのような残高が早く減っていく短期のローンでは、住宅ローン減税のメリットが十分に得られなくなってしまうのです。

3500万円の元本を前提とすると、住宅ローン減税の効果がなくなる13年後に残っている元本は、20年ローンの場合は1265万円、35年ローンだと2271万円です（図33）。20年ローンのほうが元本が早く減るので、13年間で負担する金利総額は20年ローン

図33：当初13年間の返済比較

	20年	35年
当初元本	**3,500万円**	**3,500万円**
13年後の元本	**1,265万円**	**2,271万円**
a)金利総額(13年間)	**156万円**	**188万円**
b)税控除額(13年間)	**210万円**	**259万円**
b-aリターン(13年間)	**54万円**	**71万円**

※元本3,500万円　金利0.5%の前提

出所：筆者作成

のほうが約32万円少なくなります。

ですが、住宅ローン減税の影響も考えると結果がひっくり返ってしまいます。元本残高の0・7%が減税額として戻ってくると仮定した場合、20年ローンでの控除額は210万円で、35年ローンでは259万円となります。

先ほど計算した金利負担とトータルで考えれば、20年ローンの場合はリターンが54万円であるのに対して、35年ローンの場合は71万円。というわけで17万円もの差がつくことになります。


そして最後に、「返済年数は後から延ばすのは難しい」ということも、20年ローンのネックです。

急な出費や収入減のため、どうしても返済が難しくなった場合は、銀行に返済期間の延長を

相談することができます。これを「返済のリスケ（リスケジュール）」といいます。

リスケが認められるかどうかは銀行の判断次第ですし、認められたとしても、「予定通りの返済が厳しくなり、リスケした」という事実が個人信用情報（ローン利用者の過去の借入れや延滞情報が蓄積されているデータベース。延滞が登録されていると審査上、相当不利となる）に掲載されてしまいます。そうなると、将来的に自動車ローンや教育ローンを借りようとしたときの審査に非常に不利になってしまいます。

その点、35年ローンであれば最初から月々の返済額に余裕をもてますし、前述したように資産運用も行えば、家計が急変したときに対処しやすくなります。

そして、どうしても返済年数を縮めたくなったら、**後から縮めればいい**のです。

50年ローンはアリ？

先ほど20年ローンよりも35年ローンがいい理由をお伝えしました。その最大の理由は、長くお金を借りられることにメリットがあるからです。

では、35年より長く住宅ローンを組めるとしたら、どうでしょうか？

２０２３年8月に住信ＳＢＩネット銀行が最長50年の住宅ローンを提供することを発表

し、日経新聞などでも報道されました。

この報道に対してネットでは、「50年の住宅ローンを借りて大丈夫なの？」といった、どちらかといえば不安の反応がみられましたが、実際のところどうなのでしょうか。

まず、デメリットは、金利が高くなる場合があることです。たとえば、住信ＳＢＩネット銀行の50年ローンでは、35年を超えた返済期間中の金利が35年ローンに比べて０・１５％上乗せされます。２０２４年3月1日現在では、35年ローンは０・３２％、50年ローンは０・４７％となります（頭金を入れず、フルローンで借りる前提）。金利水準も若干高くなり、返済期間が伸びますので金利総額が増えることは容易に想像がつくと思います。

一方、メリットは「期限の利益」を得られることです。第1章でも触れた、住宅ローン返済を猶予してくれることのメリットですね。返済猶予によって毎月返済額が少なくなりますので、その分を資産運用にあてることができ、より大きなリターンを得られるかもしれません。また、元本の減り方が緩やかになりますので、元本の０・７％分のメリットが得られる住宅ローン減税において、よりお得になるケースもあるでしょう。加えて、元本に対して万が一の返済保障がなされる団信の面でもお得になります。

以上のメリット・デメリットを踏まえると、私個人の意見としては期限の利益を重視しますので、50年ローンはアリと考えます。

続いて、住信SBIネット銀行の50年ローンを借りる際の注意点も具体例で解説したいと思います。まず、50年ローンは完済時年齢が満80歳未満（つまり79歳まで）という条件が設けられています。ということは、50年借りられるのは29歳までの人だけで、それ以降は年齢に応じて返済期間が短くなっていきます。なお、一般的な35年ローンも、同じく79歳までの完済が必要なので、45歳を超えてから組むと35年間借りることはできません。

この50年ローンをフルに使える20代の人を想定し、二つのパターンでシミュレーションを行ってみましょう。

1　都市圏の2LDKを5000万円で購入し、結婚を機に住み替え予定
2　郊外・地方の戸建住宅を3500万円で購入し、終のすみかにする予定

一つ目ですが、家を買った10年後に住み替えを考えたとき、住宅ローンの元本はどれくらい残っているでしょうか？

図34：50年ローンの元本推移

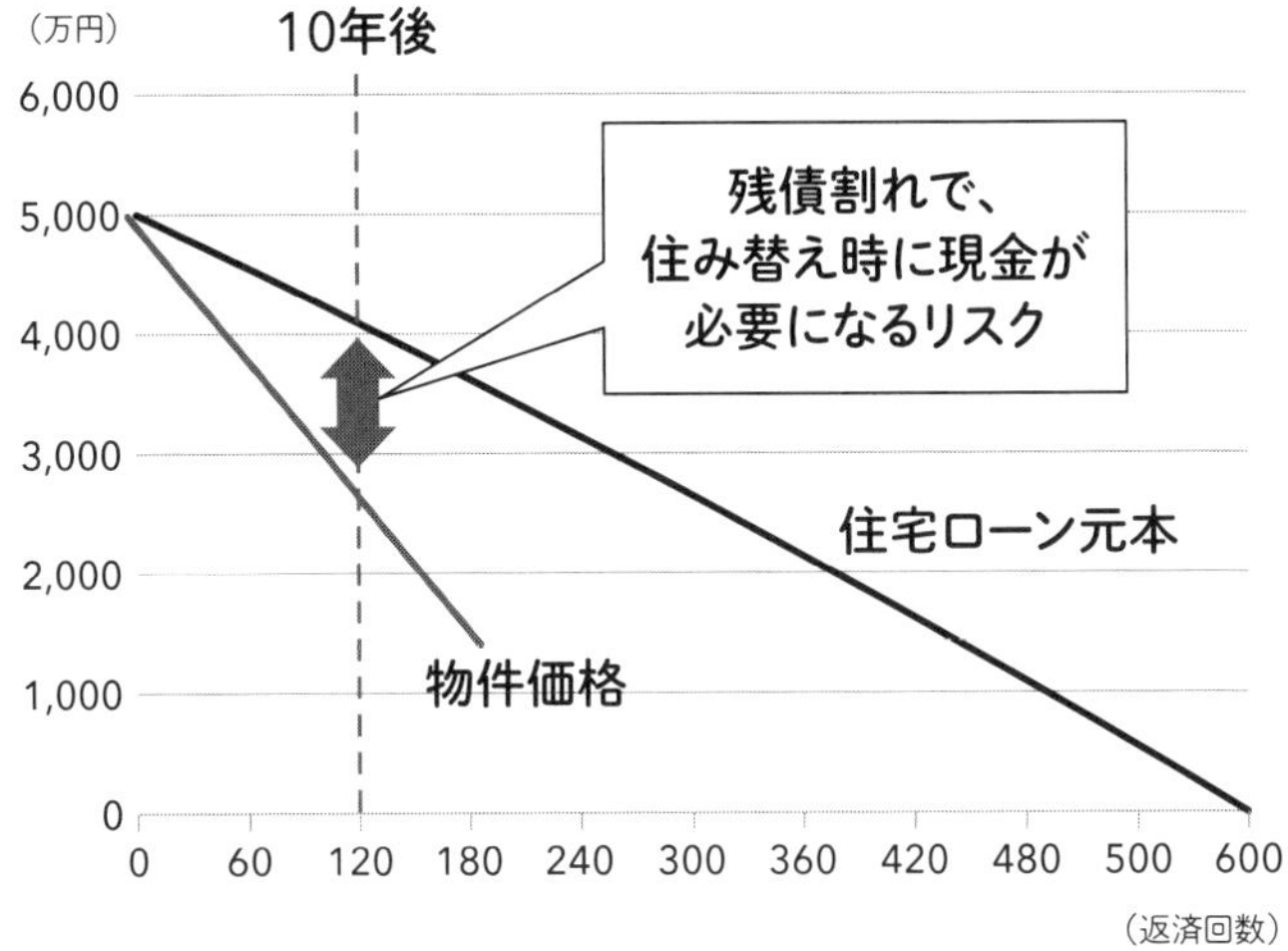

出所：筆者作成

35年ローンと比べると、50年ローンのほうが毎月の返済額が少ないため、住宅ローンの減りが遅くなります。そのため、35年ローンでは10年後の残債は約3700万円ですが、50年ローンでは約4100万円になります。

ですので、もしも買っていた物件が資産価値が大きく下がってしまうと、10年後に住み替えようとしたときに「残債割れ」が発生するリスクが高まります（図34）。残債割れというのは、物件を売った金額をすべてローンの残債にあてても返済しきれない状態です。

こうなると住み替え時に追加で現金が必要になってしまいますから、都市部で50年ローンを使って2LDKなど

図35：35年ローン vs 50年ローン

	35年（金利0.32%）	50年（金利0.47%）
毎月返済額	8.8	6.5（差額2.3万円）
金利総額	200	428（差額228万円）

（万円）

出所：筆者作成

の物件を買う場合は、「資産価値が保たれる物件」を買うことを強く意識してください。駅近などの利便性の高い立地で、売却時に残債割れするリスクが低い物件を選ぶことが重要です。

続いて、二つ目の場合は住み続ける前提ですので、シンプルに35年ローンと50年ローンで毎月返済額と完済までの金利総額を比較してみましょう。

図35の通り、35年ローンの場合と50年ローンの場合では、毎月返済額は50年ローンのほうが2・3万円少なくなります。一方で返済期間が長く、かつ金利が高いため金利総額は50年ローンのほうが228万円多くなります。

このように、35年ローンと比較して毎月返済額が少ないので、この差額は浪費することなく、ぜひとも資産運用に活かしてください。50年のほうが金利総額は増えますが、資産運用のチャンスは大きいです。そのリターンを、高額になりがちな修繕費にあてるのも一計です。

また、人口が減少する日本では、郊外の戸建ての資産価値は下落すると予想しており、売却時の利益は見込みづらいでしょう。ゆえに、売却を考えない「終のすみか」とする前提で、立地や間取りを配偶者ときちんと話し合っておくことも大切です。

なお、ローンの返済期間を延ばすと予算額を上げられるのもメリットです。年収400万円で返済比率35％（青信号）の一般的な借入可能額は、35年ローンだと2900万円ですが、40年なら3100万円、50年なら3400万円まで伸びます。「長く借りればその分、借入可能額を増やせる」ことも長期間の住宅ローンを組むメリットの一つとして覚えておいてください。

元金均等払いではなく、元利均等払いを選ぶ

住宅ローンの返済方法として「元利均等払い」と「元金均等払い」が選べる金融機関がありますよね。初めて住宅ローンを借りる人の中には「元利均等払いと元金均等払いはどっちがお得？」と気になる人もいるようです。

言葉が似ているので混乱しやすいのですが、最初に結論をお伝えすると、「元利均等払

図36：元利均等払いの元本と金利の内訳

返済月数	毎月返済額（元本+金利）	元本	金利
1	90,855	76,272	14,583
120	90,855	80,148	10,707
240	90,855	84,256	6,599
360	90,855	88,575	2,280
420	90,855	90,817	38

（円）

出所：筆者作成

いがおすすめ」です。

元利均等払いと元金均等払いの違いは、何が「均等払い」になっているかが異なります。元利均等払いは「元本＋金利の合計額」、すなわち毎月返済額が一定になる返済方法です。一方、元金均等払いは「元本（元金）の返済額」が毎月一定です。

そうはいってもわかりにくいので、具体的な数字で見てみましょう！　元本3500万円、返済期間35年、金利0・5％で借りた場合でシミュレーションしていきます。

まず、図36の通り、元利均等払いの場合は初回の返済額は9万855円で、その内訳は元本7万6272円、金利1万4583円です。毎月返済額が変わらないのが元利均等払いで、120回、240回……と返済が進んでいっても毎月返済額は9万855円のままです。

図37：元利均等払いの返済グラフ

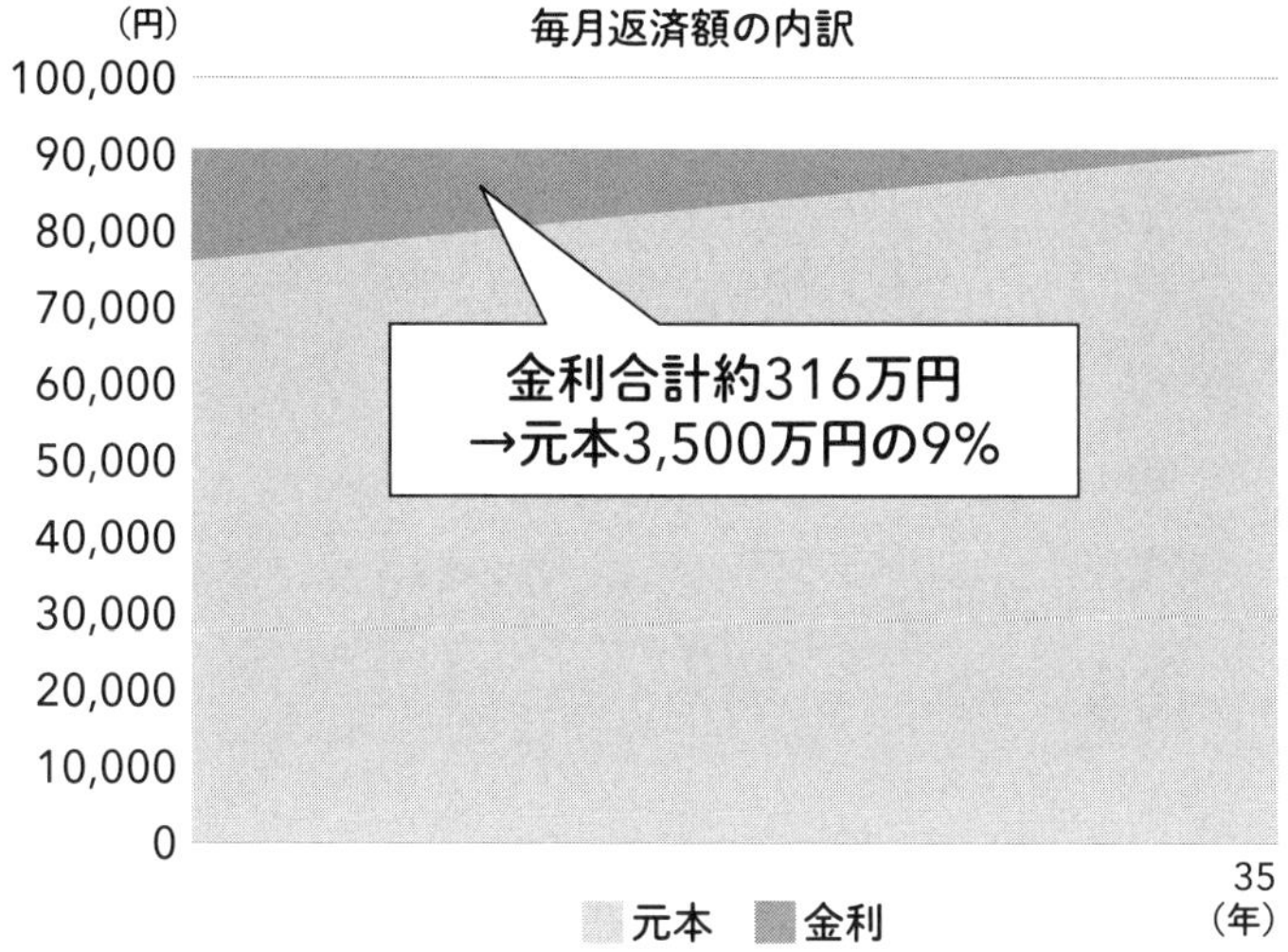

出所：筆者作成

ここで注目したいのは、毎月の返済額は一定でも、内訳が変わっていることです。元本がだんだん増え、その分金利が縮小していますよね。金利は１２０回目には１万７７０７円、２４０回目には６５９９円、３６０回目には２８０円、そして４２０回目は38円まで圧縮されていく結果となりました。

35年間の金利の合計は３１６万円ですから、全期間で考えれば、図37の通り元本３５００万円に対して約９％が金利の支払いということです。

続いて元金均等払いです。元金均等払いの場合、図38の通り、初回の返済額は９万７９１７円で、その内訳は元本８万３３３３円、金利１万４５８３

図 38：元金均等払いの元本と金利の内訳

返済月数	毎月返済額（元本+金利）	元本	金利
1	97,917	83,333	14,583
120	93,785	83,333	10,451
240	89,618	83,333	6,285
360	85,451	83,333	2,118
420	83,368	83,333	35

（円）

出所：筆者作成

円です。返済が進んでいっても元本の返済額は8万3333円のまま変わらないのが元金均等払いの特徴で、返済が進むにしたがって金利が減っていき、毎月返済額は小さくなっていきます。

図39の通り、元金均等払いの支払金利の合計は307万円となりました。元本3500万円に対しては約9％で、若干元金均等払いのほうが少ないものの、金利の総額に違いはほぼありません。

以上をまとめると、支払う金利合計額には大差がなく、元金均等払いでは毎月返済額が変わっていく点が大きな違いといえます。元利均等払いと比べると、元金均等払いは返済期間の前半では毎月返済額が多く、後半では少なくなっていくという逆転がみられます。

それでは、元利均等払いと元金均等払いのどっち

図39：元金均等払いの返済グラフ

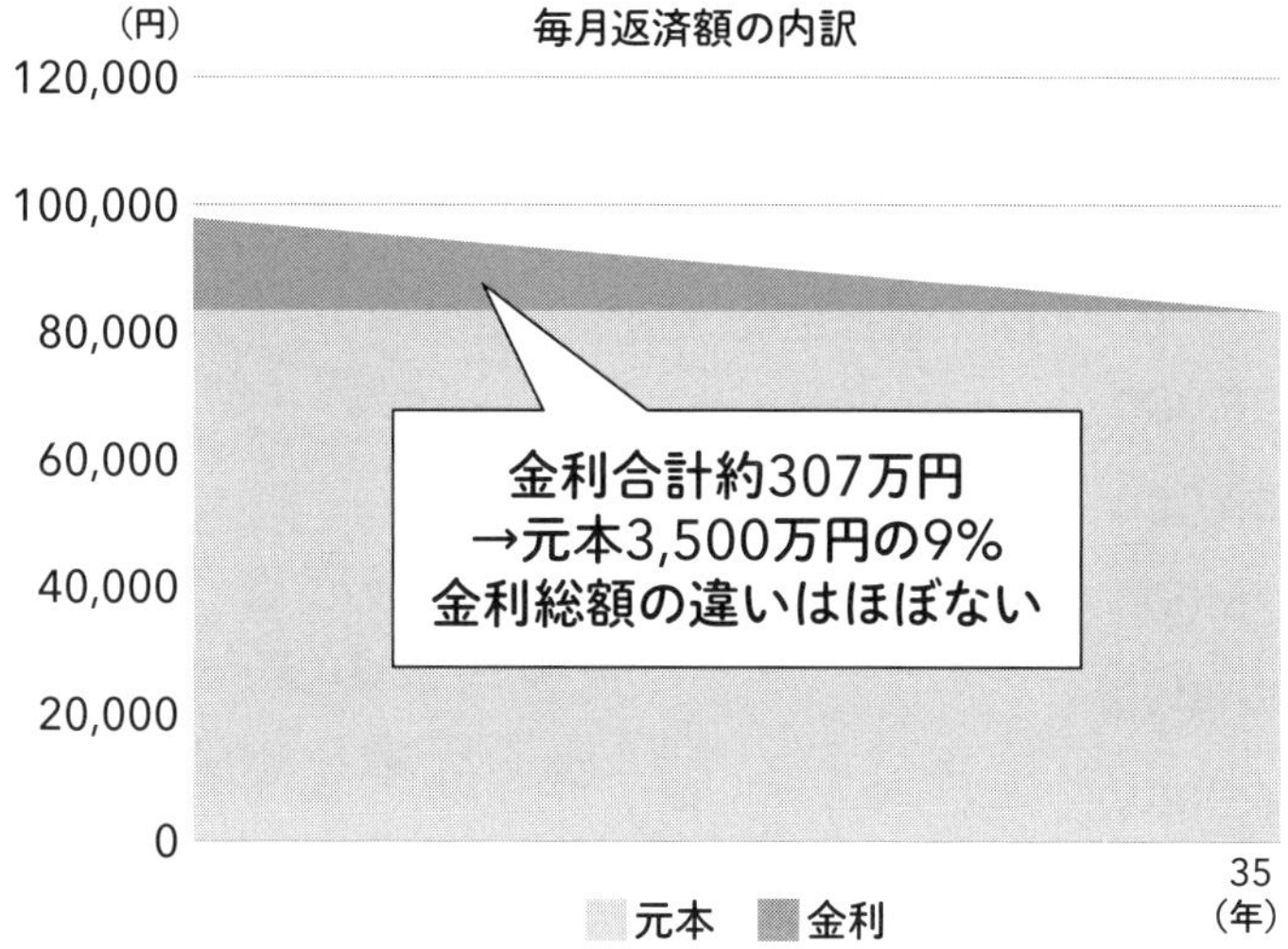

出所：筆者作成

がお得か考えてみましょう。

まず、先ほど説明した元利均等払いと元金均等払いの毎月返済額ですが、途中で逆転する理由は「元本の毎月返済額が異なるから」です。毎月返済額のうち、元本返済額だけを抜粋したグラフ（図40）を作ってみました。

これを見ると、返済初期は元金均等払いのほうが多く元本を返済し、後期は元利均等払いのほうが元本の返済が多くなります。その結果、「残っている元本」が大きく違ってきます。

元金均等払いであれば、120回目には2500万円、240回目には1500万円の元本が残ります。一方で元利均等払いでは、120回目には2

図 40：元本返済額の比較

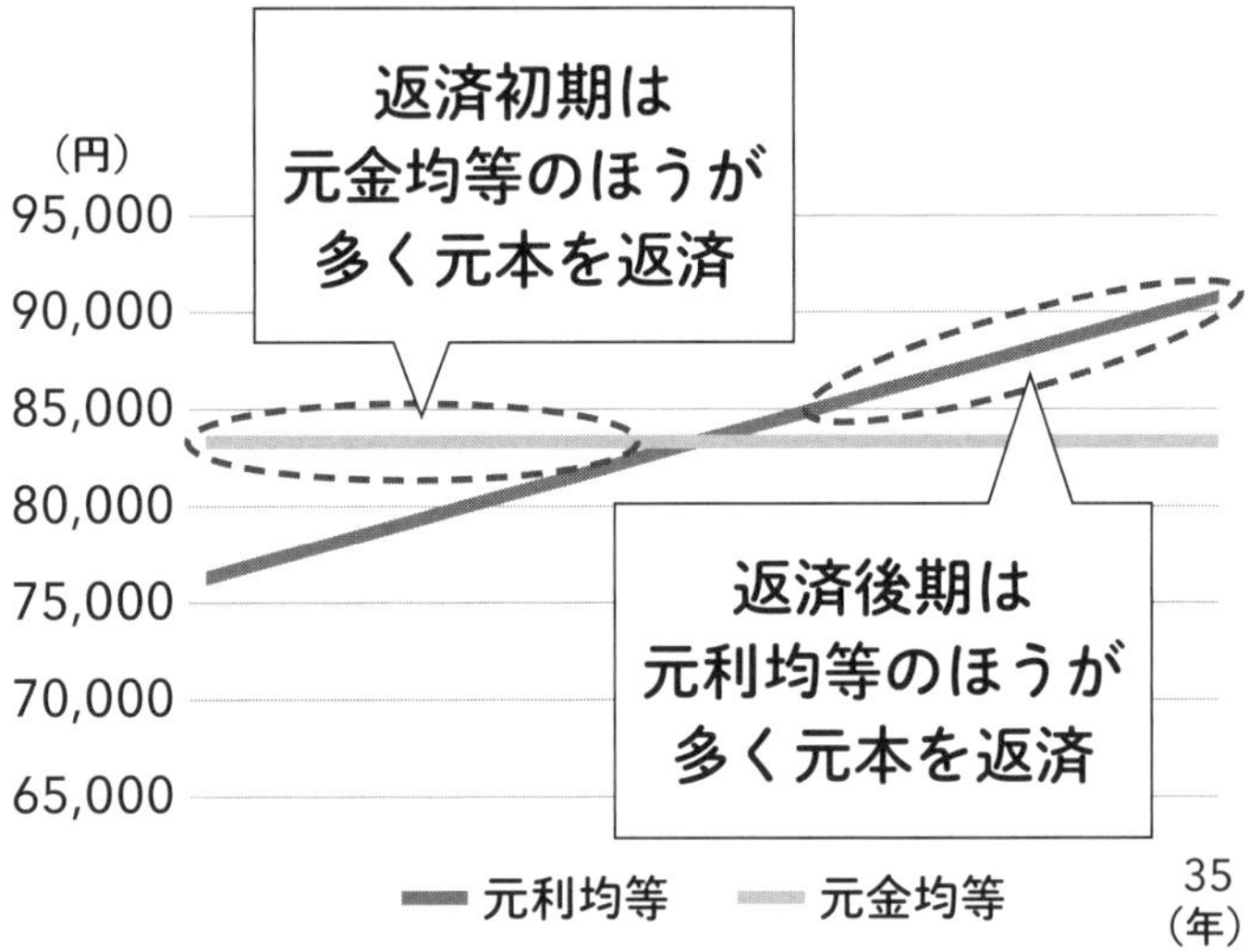

出所：筆者作成

561万円、240回目には1575万円であり、元金均等払いよりも多くの元本が残るのです。

この比較から、元金均等払いの本質的な意味合いが**「毎月繰上返済するのと同じ」**であることがわかります。だからこそ、元利均等払いに比べて元金均等払いのほうが元本の減りが早くなるわけですね。

つまり、元利均等払いと元金均等払いのどちらがお得かという話は、繰上返済をするかしないかという判断と同じなのです。

前にお伝えしたように、住宅ローンはできるだけ長く借り続けることでメリットが大きくなります。繰上返済はお得な住宅ローン減税や団信のメリットを手放す行為であり、そして家計を守るためのお金や投資の収益機会を失ってしまうことでもありますから、メリットよりもデメリットのほうが大きいです。

繰上返済しないメリットのほうが大きいことを踏まえると、本質的に繰上返済と同じ意味をもつ元金均等払いではなく、元利均等払いのほうがいいですよね。

それに、元金均等払いは返済初期に元本返済を頑張っている割には、実際にはそれほど金利を節約できていないという事実があります。先ほどのシミュレーションの条件で返済開始1年後の返済額を比較してみると、元金均等払いを選ぶと元利均等払いよりも毎月7000円ほどを多く返済しなくてはなりませんが、それに対して毎月節約できる金利はわずか32円しかありません。

このような数値を見ても、あえて元金均等払いを選ぶ必要性は見当たらないのです。

団信は「疾病対応」でお得度がアップ

団信のメリットは何度もお伝えしてきたところですが、住宅ローンを組む金融機関によって保障範囲が異なり、また同じ金融機関でも複数の選択肢が用意されています。

図 41：団信の種類

種類	保障範囲
一般団信	**死亡や高度障害**
ワイド団信	**健康不安がある方向け**（保障内容は一般団信と同じ）
疾病対応団信	**疾病に罹患・入院時に保障**（がん団信、3,7,8,11疾病など）
その他団信	**就業不能時、介護状態で保障**（全疾病保障、介護団信など）

※疾病対応団信・その他団信：任意選択

出所：筆者作成

そのため、「どうやって選べばいいの？」と迷う方もいらっしゃいます。そこでまず押さえておきたいのは、図41の通り、団信は大きく4種類があり、これが保障範囲の違いで大きく二つに分けられるということです。

一つは、死亡と高度障害のみをカバーする一般団信とワイド団信で、いずれかに加入必須です。ワイド団信は持病をお持ちの方が対象で、保障内容は一般団信と同じですが、金利を上乗せする必要があります。

もう一つは、疾病保障がついた疾病対応団信です。特定の疾病への罹患や入院に対する保障がつくもので、がんやその他の重大疾病が対象になっています（商品によって保障範囲が異なります）。最近は全疾病に保障を広げたものや、介護保障のついた団信まで登場してきました。このグループの団信は任意で、加入する際には上乗せ金利が必要な場合が多いです。

図42：疾患別総患者数

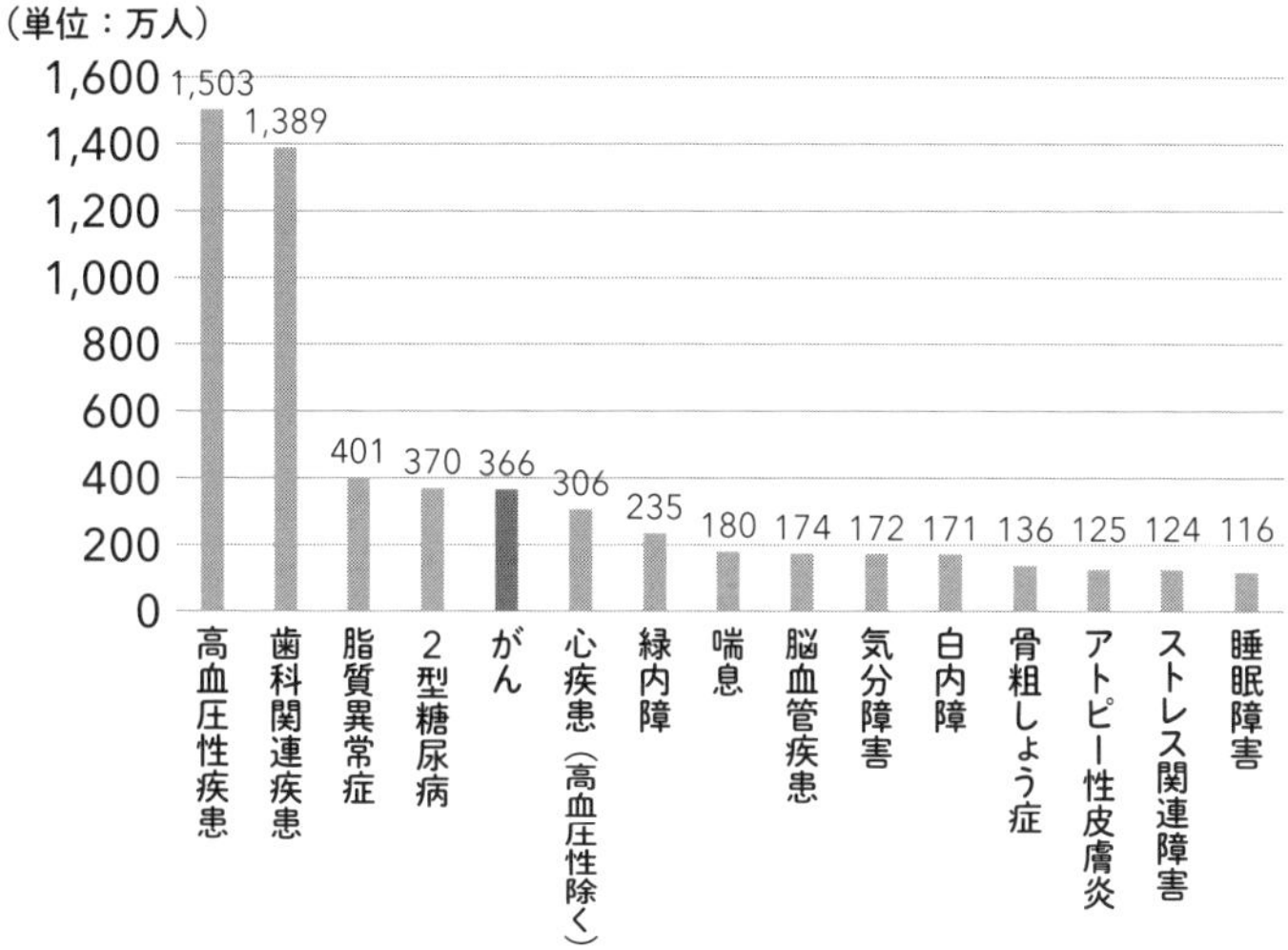

出所：一般社団法人　日本生活習慣病予防協会

このように複数の種類がある団信ですが、私はがん保障のついたがん団信をおすすめします。私自身は保障は厚ければ厚いほどよいとは考えていないのですが、住宅ローンを組むときに最低限「がん団信」は必要と思い、実際に選びました。

理由の一つは保障の適用条件です。一般団信は死亡や高度障害にならない限り保障されることはありませんが、がん団信はがんの「診断」だけで住宅ローンが全額保障されるのです（詳細条件は各銀行の商品概要書をご確認ください）。

もう一つの理由はがん患者数の多さです。図42にあるように、がんの総患者数は366万人です。歯科関連や高血圧・糖尿病などの生活習慣病を除くと、非常に患者数が多いのがわかると思います。また、国立がん研究センターの分析では、男性の65％、女性の50％は一生のうちに1回はがんと診断され、がんによる死亡確率は男性が25％、女性が18％だそうです。がんは意外と身近な存在です。

また、以前にカーディフ生命（団信を提供する保険会社）の方に、私のYouTubeチャンネルで取材したことがあるのですが、がんと診断された方のうちおよそ3割を25〜64歳までの現役世代が占めるとのことでした。もちろん、3割の患者数を25〜64歳までの人口で割った比率で考慮すべきことではありますが、それでも3割という数字は意外に多いな、と個人的に思います。

「がんに罹患すると収入が心配……」と懸念する方は多いと思います。2013年に静岡県立静岡がんセンター研究所がまとめた調査報告書では、約4割の方が休職または依願退職されています。体調面で今までのように仕事ができなくなったり、治療を優先したりしないといけないので、精神的にも経済的にもつらい状況だと思われます。

こうした状況において、やはり頼りになるのはがん団信です。カーディフ生命へのYouTube取材では、団信による保険金支払いのうち、がん団信の支払いは多く、一般団信による死亡・高度障害保障と比べて件数では約1・8倍、金額は約2倍も多いとのことでした。それだけ保険金の支払いが発生しているということは、多くの方ががん団信に入り、かつ住宅ローン返済中に罹患する方も一定数いらっしゃるということです。たとえば、auじぶん銀行が2022年に調査した結果では、がん100%保障団信に加入した方は全体の約3割を占めるそうです。

また、がん団信に申し込む人が多い理由としては、医療進歩による早期発見の恩恵があることも一因と思われます。実際、胃のポリープを取って検査したところ、早期の胃がんが見つかってがん団信が適用され、住宅ローンがゼロになったケースもあるそうですよ。

このように、がんについては罹患率（早期発見も踏まえて）と返済が滞るリスクを踏まえた備えが大切です。

なお、「がん団信に入ればがん保険は不要になる？」といった質問もよく受けます。がん保険は治療期間中の治療費や生活費を目的としているのに対して、がん団信は住宅ローン返済にあてるものなので、目的が違います。そのためがん団信があればがん保険は完全に不要となるわけではなく、保険のプロに相談してみるのがよいかと思います。

大事なのは、「がん団信はメリットが大きい商品なので、できる限り手放さない」ことです。また、第2章でもお伝えしましたが、繰上返済はメリットの大きい団信を手放す行為ですので、おすすめはできません。

以上、「住宅ローンを組むことで儲かる」という意味をご理解いただけたでしょうか。組めるうちに早めに住宅ローンを組むことでさまざまなメリットがありますから、ぜひ先延ばしにすることなく、家の購入を前向きに考えてみてください。

第4章

金利の仕組みと将来の見通し

日銀動向を見ずに住宅ローン金利を語るなかれ

住宅ローンのメリットを大きく左右する最大の要素は何かというと、「金利」です。

ここまでに説明したことをまとめると、低金利が続いているからこそ月々の返済額が少なくてすみ、浮いたお金で資産運用して儲けることができ、さらには不動産価格を下支えしてくれています。

ということは、金利が今後上がるなら、この前提条件が崩れるわけですから困ってしまいますよね。実際に上がると、金利負担で家計が苦しくなったり、住宅ローンで不動産を買える人が減って持ち家の価格が下がってしまったり、さまざまな影響が出てきます。

とくに私がすすめる「変動金利」の場合、住宅ローンを組んだ後に金利が上昇するリスクがゼロではないので、「本当に変動金利で借りていいの？」と不安を感じる人は少なくないでしょう。

その不安を解消するには、まず「金利がどうやって決まるか」を理解することが大切です。この章では、住宅ローン金利の決まり方や今後の見通しをわかりやすくお伝えしたいと思います。

金利とは、第1章でお伝えした通り「お金を借りるためのコスト」と言い換えることができます。お金に対する需要が高くなれば金利は上がり、逆に需要が減ると金利は下がります。

そしてこれが重要なのですが、この金利は日銀がコントロールしています。つまり、日銀の政策で「金利はしばらくこのままで」と考えればそうなりますし、「これから上げよう」となれば上がっていきます。また、「不景気だから金利を下げよう」と判断すれば、下がっていくことも十分考えられます。日銀が決める金利は政策金利といわれ、年8回ある日銀の重要な会合（金融政策決定会合）で決められるため、株価のように日常の出来事で頻繁に上下することはありません。

日銀の役割について簡単に説明しておきましょう。

日銀は日本の中央銀行であり、国の金融政策を担当しています。その主な役割は、物価の安定と金融システムの安定を実現することであり、これらの目標を達成するために、金利の決定や、市場への資金供給、金融機関への監督などが行われています。

では、この日銀、何をもって金利の上げ下げを判断しているのでしょうか？　一言でお伝えすると「日本経済に好循環が生まれているのか？」です。第1章でもお伝えした通り、日本は長らくデフレが続いていました。デフレは物の値段が下がるので企業の売上が減少

図43：日銀の考える利上げの判断基準

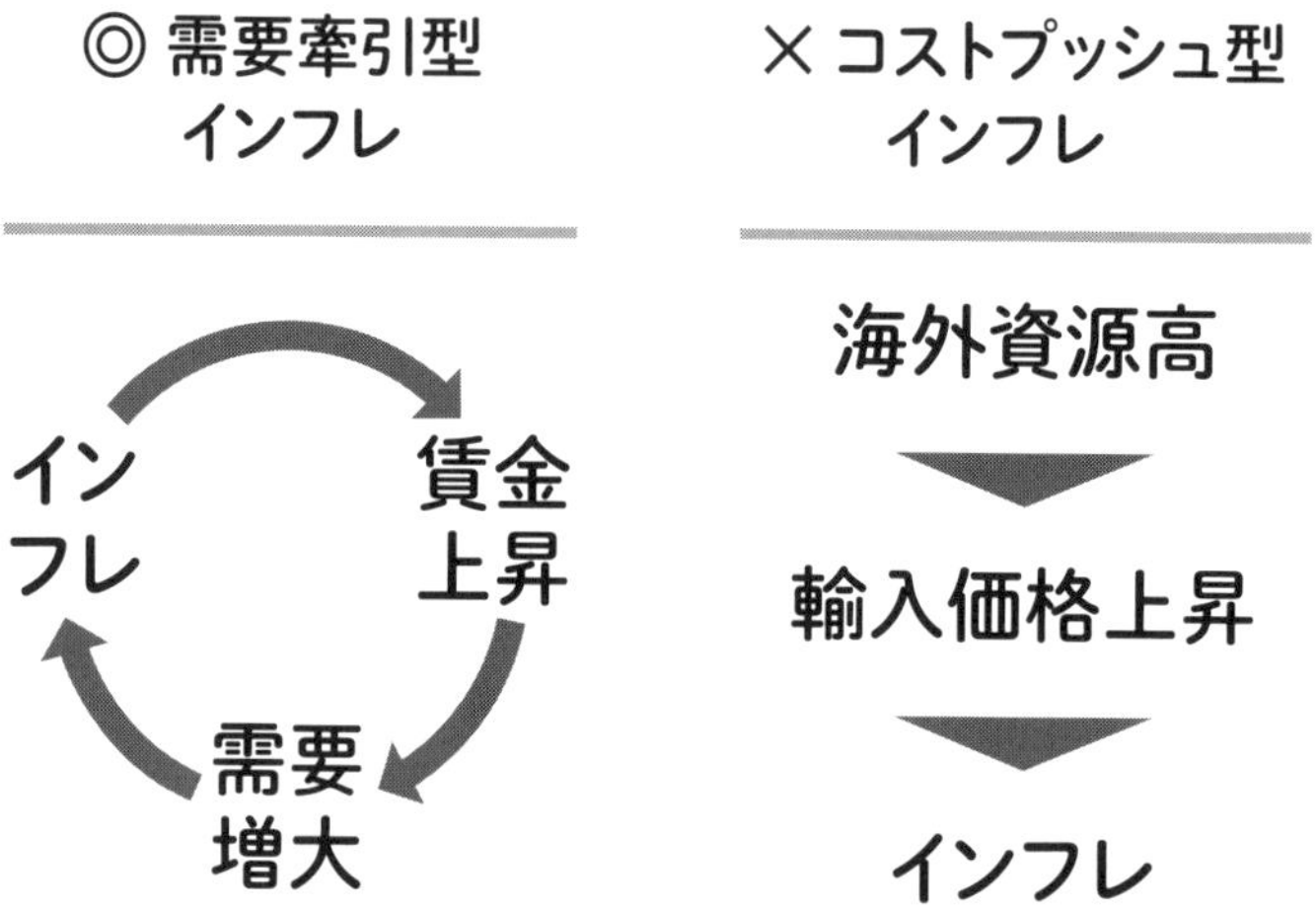

出所：筆者作成

し、設備投資や賃金に回すお金がなくなってしまいます。そうした状態を脱却することを目標に、図43のような「賃金上昇を起点とする物価上昇」を目指してきたのです。この好循環を実現するために日銀が実施したのが低金利政策です。2016年1月に導入が決定されたマイナス金利政策は世間の大きな注目を集めました。このように、金利をあえて低く抑えることでお金を借りやすくし、経済活動を円滑にしようとしたのです。

なお、2022年ごろからインフレが続いていますが、あのときのインフレはコストプッシュ型インフレと呼ば

図44：住宅ローンの仕組み

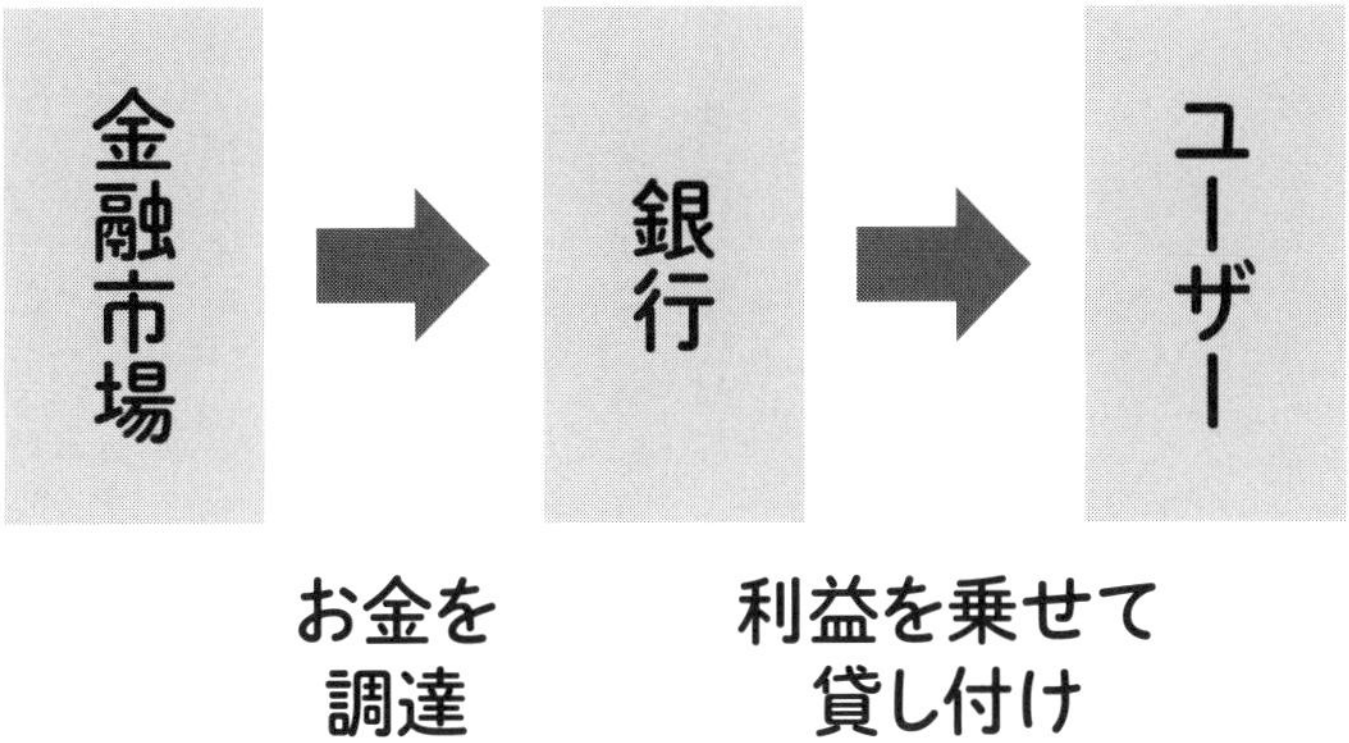

出所：筆者作成

れ、日銀が目指す経済状態ではありませんでした。海外からの輸入品が値上がりしたから日本の物価が上がっただけであり、経済の好循環を背景としたものではないからです。２０２２〜23年にかけて世間からは「物価が上がったのだから、日銀は利上げすべき」の声が一時期非常に高まりましたが、こうした理由から日銀は利上げしなかったのです。

では、日銀の政策金利がどのように住宅ローン金利につながっているのでしょうか？　住宅ローンを貸し出す銀行に注目してみましょう。図44のように銀行のビジネスは預金や金融市場から資金を集めてきて、その調達コスト（もっとわかりやすくいえば、お金の仕入れ値）に収益を加えた金利で貸し付けます。日銀が決める政策金利は日本全体の金利水準を大きく上げ下げするものですから、当然のことながら銀行の資金調達コストにも大きな影響を与えます。ゆえに、政策金利アップ（つまり利上げ）は資金調達コストアップになり、銀行が貸し出す金利も上がります。このように、日銀の政策金利と住宅ローン金利は一体となっているのです。

なお、住宅ローンには第3章でお伝えした通り、変動金利と固定金利の2種類があります。変動金利は6か月ごとに金利が見直され、固定金利は35年間の金利が一定となります（一度借りたら見直されない）。金利見直しの間隔が異なるため、金利の決め方も異なります。具体的には、変動金利は短期間だけお金を貸し借りする金利（短期金利といいます）の市場相場を見ながら決めることが一般的であり、固定金利は長期間お金を貸し借りする金利（長期金利）を踏まえて決定されます。

では、やはり日銀は今後金利を上げていくのでしょうか？　そのことを予測するには、日銀のトップである総裁に目を向ける必要があります。

日銀の植田総裁ってどんな人？

日銀の総裁は、日銀の金融政策の舵取りを行う立場にあります。そのため、日銀総裁のキャラクターをつかんでおくことが、金利動向を読み取る手がかりになります。

２０１３年3月20日から２０２３年4月8日まで日銀総裁を務めた黒田東彦氏は、日本の長く続いたデフレについて「責任は日銀にある」というスタンスで、マイナス金利の導入などの大胆な施策を打ってきました。現在の住宅ローンの低金利は、黒田氏の政策によるところが少なくありません。

そして、２０２３年4月9日に新たに日銀総裁となった植田和男氏はどうなのでしょうか？

私なりに植田総裁のキャラクターを一言でまとめると、「現実的な考えをする方」です。黒田前総裁が「金融政策は万能である」というスタンスに対し、植田総裁は「金融政策は大事だけど、全ての問題を解決できるわけではないよね」といった現実的なスタンスを持たれているように見受けられます。

彼は日銀総裁になる前は何十年にもわたり、東京大学などで経済学の教授をされていた方で、日銀にとっては戦後初のアカデミック分野出身の総裁ということになります。

実は私も東大出身で、ちょうど私の学生時代にも植田教授の授業が開かれていました。残念ながら授業を受ける機会はなく、もったいないことをしました……。

すでに説明した通り、黒田総裁時代の日銀は、「マイナス金利政策」という短期金利を低く抑える政策に加えて、もう一つ「ＹＣＣ（イールド・カーブ・コントロール）」という長期金利を抑える政策を長く続けてきました。そして、「低金利でお金を借りやすくして、日本経済を回復するぞ！」というメッセージを継続的に発信してきたのです。

では、総裁が黒田氏から植田氏に変わったことで、日銀の低金利政策が一気に変わるのかというと、私はそうは考えていません。

これを推測するには、彼の過去の実績が参考になります。１９９８年から２００５年、植田氏は日銀の金融政策を決める政策委員を歴任していました。

２０００年頃から盛り上がってきたＩＴバブルで日本の景気が上向きつつあったので、当時の速水総裁は「利上げをするべき」と主張したのですが、そのときに植田氏は反対票を投じています。植田氏は、「日本経済は十分回復しきってないから、拙速な利上げをすべきではない」というスタンスだったのです。

その後、結局日銀は利上げに踏み切ったのですが、ＩＴバブル崩壊の影響を受け、再び景気が落ち込みます。そのため日銀は、金融緩和政策、つまり利下げを推進することとなり、現在の低金利政策に至るのです。

この経緯を振り返ると、植田氏は日銀が利上げを行う場面と、利下げを行う場面のどちらも経験しているといえます。そして、拙速な利上げの弊害も目の当たりにしているのです。

2005年にいったん日銀を離れた植田氏は、アカデミック分野に戻って研究活動されていましたが、日銀新総裁の就任報道が出た2023年春にテレビ局からインタビューを受けています。

そのときの発言として、「金融政策は景気と物価の現状と見通しに基づいて運営しなければいけない。そうした観点から現在の日銀の政策は適切であると思います」と、日銀の低金利政策を継続する必要があると述べています。そして、総裁就任後の発言でも、低金利政策の継続を伝えており、大幅な利上げに対しては慎重な姿勢が見受けられます。

ただし、植田氏は、黒田前総裁が取った日銀の低金利政策の一部（具体的には、長期金利を低く押し下げる施策）については、過去にその弊害について述べていました。

以上を踏まえると、前の黒田氏が「バリバリの低金利派」であったのに対して、植田氏は「低金利派だけれども中立寄り」と考えて差し支えないと思います。

では、マイナス金利解除後の金利はどのようになるのでしょうか？　変動金利よりも固定金利のほうが有利になるのでしょうか？　これらの疑問はこれから一つずつ解説したいと思います。

マイナス金利解除でも変動金利が大幅に上がることはない

マイナス金利解除で、返済中の方の変動金利が大幅に上がることはあるのでしょうか？　私の結論は「そんなことはない」です。

その根拠を知るには、第3章でもお伝えしましたが、住宅ローンの変動金利の決まり方をおさらいしましょう。

実際にみなさんが支払う金利を「適用金利」といいますが、図45のように「基準金利」から「引き下げ幅」（ディスカウント分）を差し引いて計算します。つまり、「適用金利＝基準金利－引き下げ幅」という関係であることを思い出してください。そして、引き下げ幅は住宅ローンの審査時に決定され、完済時までキープされます。

ということは、変動金利で借りた後、金利が上がるかは基準金利の動き次第ということになりますよね。返済中に基準金利が上がれば適用金利が上がり、逆に基準金利が下がれ

図45：変動金利の決まり方（図15再掲）

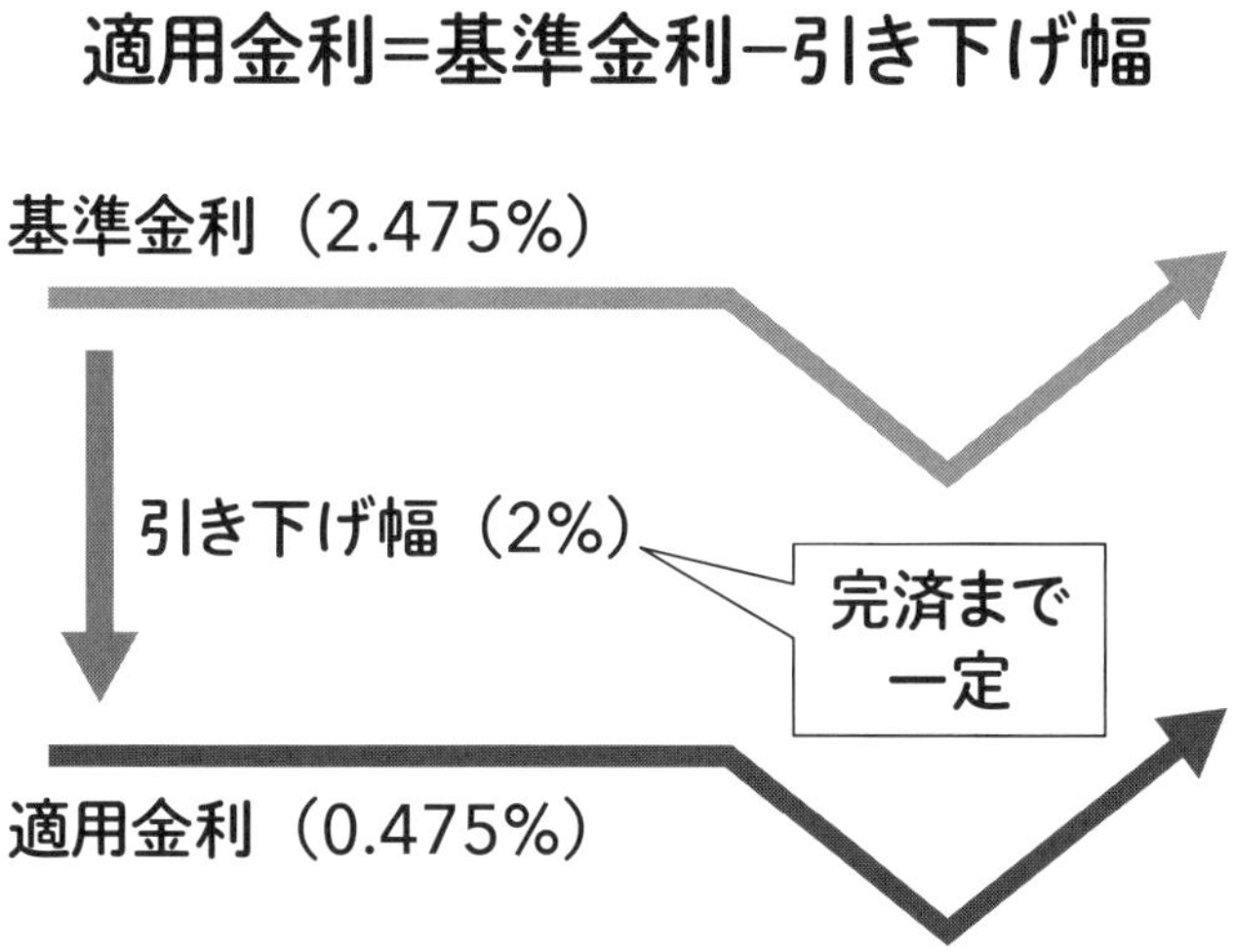

出所：筆者作成

ば適用金利も下がっていきます。

そのため、変動金利で住宅ローンを借りた後は、「基準金利がどうなるのか？」をしっかりとウォッチしていく必要があるのですが、基準金利はそう簡単に動きません。実際、2024年3月の基準金利は2009年から10年以上変わらず、多くの銀行で2・475%になっています。

では、マイナス金利解除で基準金利がすぐに上がるかというと、そうではないと想定しています。

基準金利は、「短期プライムレート＋1%」としている銀行が多いです。具体的にはメガバンクや地方銀行などですね。短期プライムレート（短プ

図 46：政策金利と短期プライムレートの推移

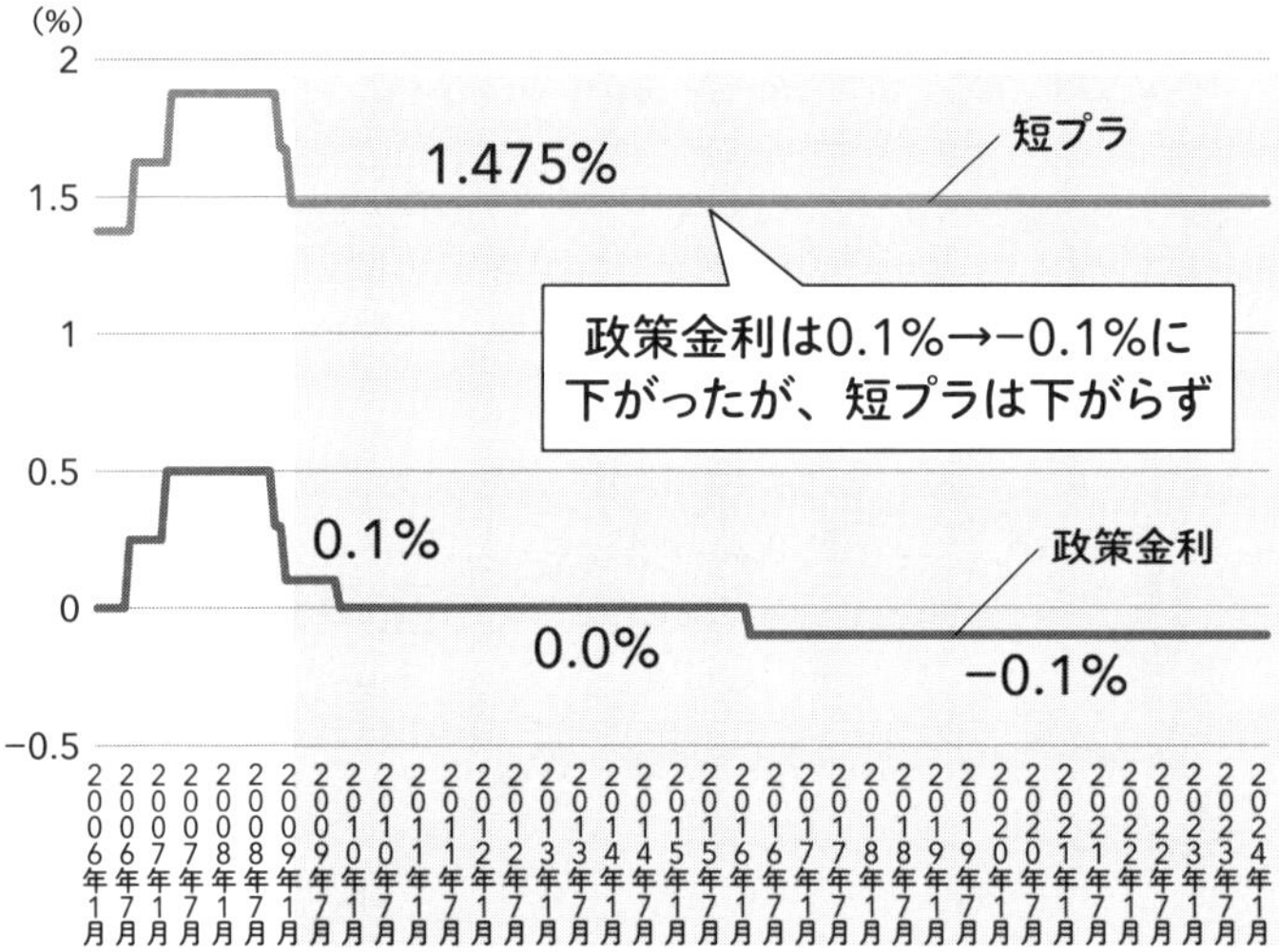

出所：日本銀行ウェブサイト、全国銀行協会ウェブサイト

ラ）とは、最も返済能力の高い法人顧客（プライム顧客）に対して短期間（1年未満）に貸出しする金利を意味します。ですので、変動金利の見通しは短プラをウォッチすればいいのです。

そしてこの短プラは、日銀の政策金利と基本的には同じ動きをします。図46は政策金利と短プラの動きを示しているもので、1995年頃まではこの二つの金利はほぼピッタリ連動してきたのですが、それ以降は政策金利が0・1％からゼロ金利へ、そしてマイナス金利に下がっても短プラは一定のまま1・475％が続くという状態でした。これは政策金利の下落が、短プラをこれ以上下げられないレベルにま

図47：今までと逆の動きになると予想

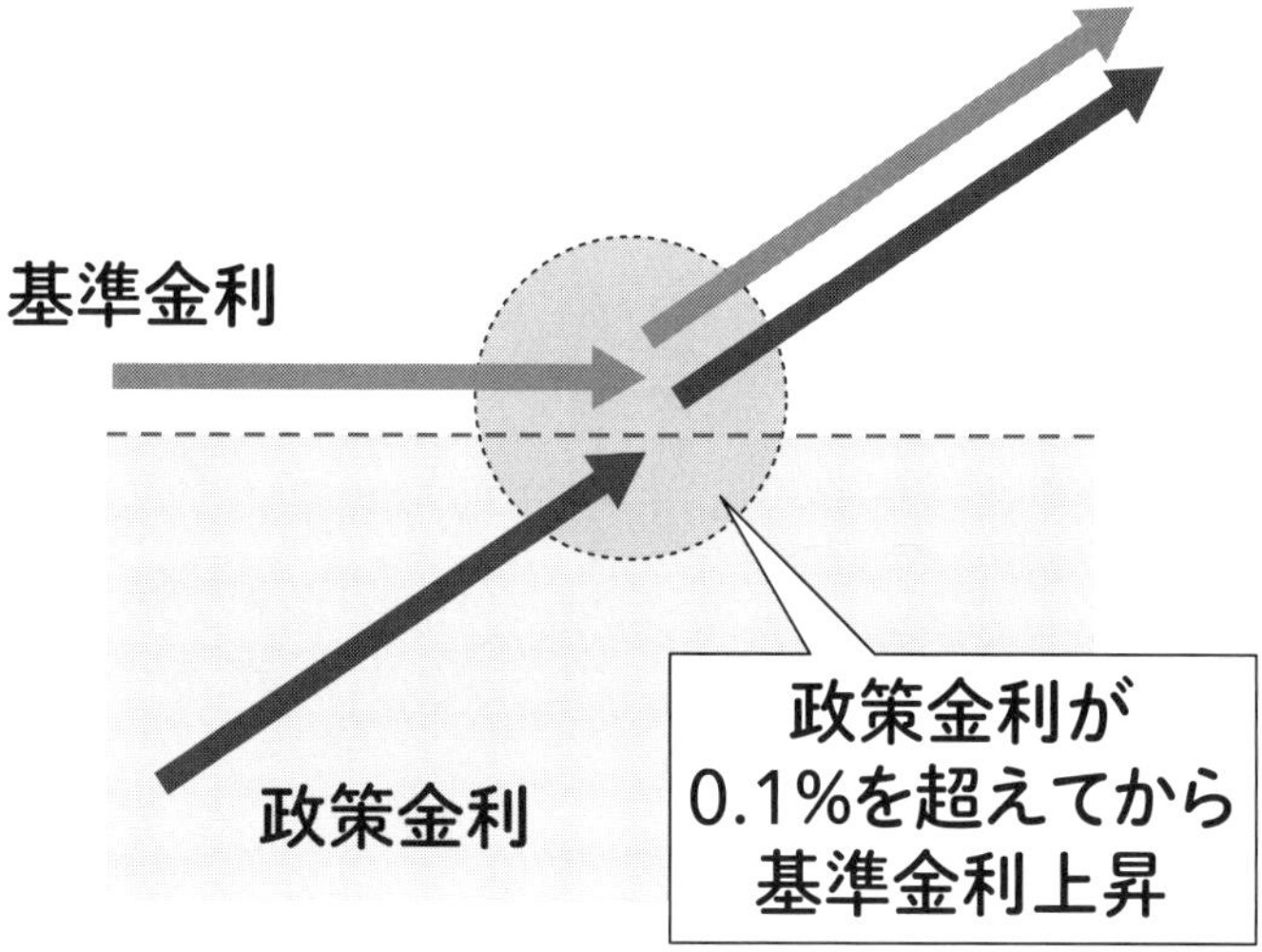

出所：筆者作成

で達していたことが理由と考えられます。銀行は店舗コストや人件費などの固定費をまかなう必要があるため、政策金利が下がったとはいえ、収益のベースとなる短プラを1%近くにまで下げることはできなかったのでしょう。

では、マイナス金利解除でどうなるかというと、短プラはまだ動かないと私は考えています。そして、政策金利がある一定水準よりもさらに上昇してはじめて、住宅ローンの変動金利に影響がある短プラが上がるでしょう。

短プラが上がるポイントがどこにあるかというと、過去の推移を踏まえると私は「政策金利0・1%」と考えています。過去、政策金利が0・1%を下回っても短プラが動かなかったということは、利上げ時はその逆の動きとなるはずです（図47）。つまり、政策金利がマイナスからゼロになりやがて0・1％を超える水準になって初めて、短プラ（基準金利）が上昇していくと予想しています。

また、植田総裁は3月の金融政策決定会合で「緩和的な環境は継続する」と強調し、利上げを急がない考えを示しています。ゆえに短プラも大幅には上がらないでしょう。

なお、日銀の利上げの有無や利上げ幅に関係なく、銀行が一方的に変動金利を引き上げることもないでしょう。理由は銀行間の競争の激化です。

現在、銀行間で激しい金利競争が行われており、相互に牽制しあっています。これは、住宅ローン選びが不動産会社の紹介からスマホでのウェブ申し込みに移行しつつあり、ユーザーがスマホで簡単に住宅ローンの金利比較ができるようになったからです（つまり、スティーブ・ジョブズが日本の住宅ローン競争を変えたといっても過言ではありません）。ユーザーに簡単に金利比較されてしまう状況での一方的な金利引き上げは他行への顧客流出につながりますから、そういった手段に出る銀行は想定しづらいです。

ここまではメガバンクや地方銀行を中心にお伝えしました。ではネット銀行はどうなのでしょうか？　ネット銀行はメガバンクや地方銀行とは異なり、短プラではない独自の基準金利を定めています。過去、マイナス金利導入時には基準金利を引き下げているネット銀行もありますので、マイナス金利解除で基準金利を引き上げる銀行もあるかもしれません。ただ、先ほどお伝えした通り、銀行間で激しく牽制しあっていますので、メガバンクや地方銀行と歩調を合わせ、基準金利引き上げを見送る銀行が出ることも考えられます。

なお、２０２４年3月21日にはＳＢＩ新生銀行が4月から変動金利を０・４２％から０・２９％に引き下げると発表し、大きな反響となっています。まだまだ金利競争は続きそうです。

では、2050年の金利は？

当面は低金利環境が続き、変動金利も低い状態が続くとして、中長期的にはどうなるのでしょうか？　20年後や30年後の金利の予測は経済の専門家にとっても極めて難しく、確かなことはいえませんが、私なりの考えをお伝えしておこうと思います。

日銀の利上げを後押しする最大の要因は賃金の上昇です。みなさんもご存じの通り、２０２４年の春闘では、大手企業を中心に大幅な賃上げがなされました。過去33年ぶりの5

%超の高水準です。賃金の上昇が実現されると消費の活性化につながりますので、賃金上昇→物価上昇→賃金上昇の好循環となるでしょう。

この好循環を踏まえ、まず今後2〜3年の政策金利を予想してみようと思います。日銀の利上げ判定は「物価上昇による賃上げ確認（3月の春闘）」と「賃上げによる物価上昇確認（秋ごろ?）」の年2回サイクルで行われるでしょう。ですので、賃金上昇&物価上昇が力強く継続すると、年間0・25%×2＝0・5%の利上げ、3年間で合計1・5%の利上げも可能性はゼロではありません。

しかし、現在の日銀は、米国のような「インフレ退治モード」ではなく、日本経済を成長軌道に乗せる「回復支援モード」です。消費活動に過熱の兆候は見当たらず、緩やかなインフレにとどまることが予想されるため、もし利上げが続いたとしても1・0%程度で停止すると想定しています。ましてや米国の平常時の金利（2・5%程度といわれる）を超えることは考えづらいです。

続いて、2050年の長期予想をしてみようと思います。まず、注目すべきは賃金の動向です。賃金がどのように決まるかといいますと、大きな要因の一つとして労働者の需給環境が挙げられます。人手不足であれば賃金が上がりますし、人手が足りているのであれば賃金が下がります。この労働者の需給を予測するには、人口予測データが使えます。

図48：総人口／15~64歳人口の比率

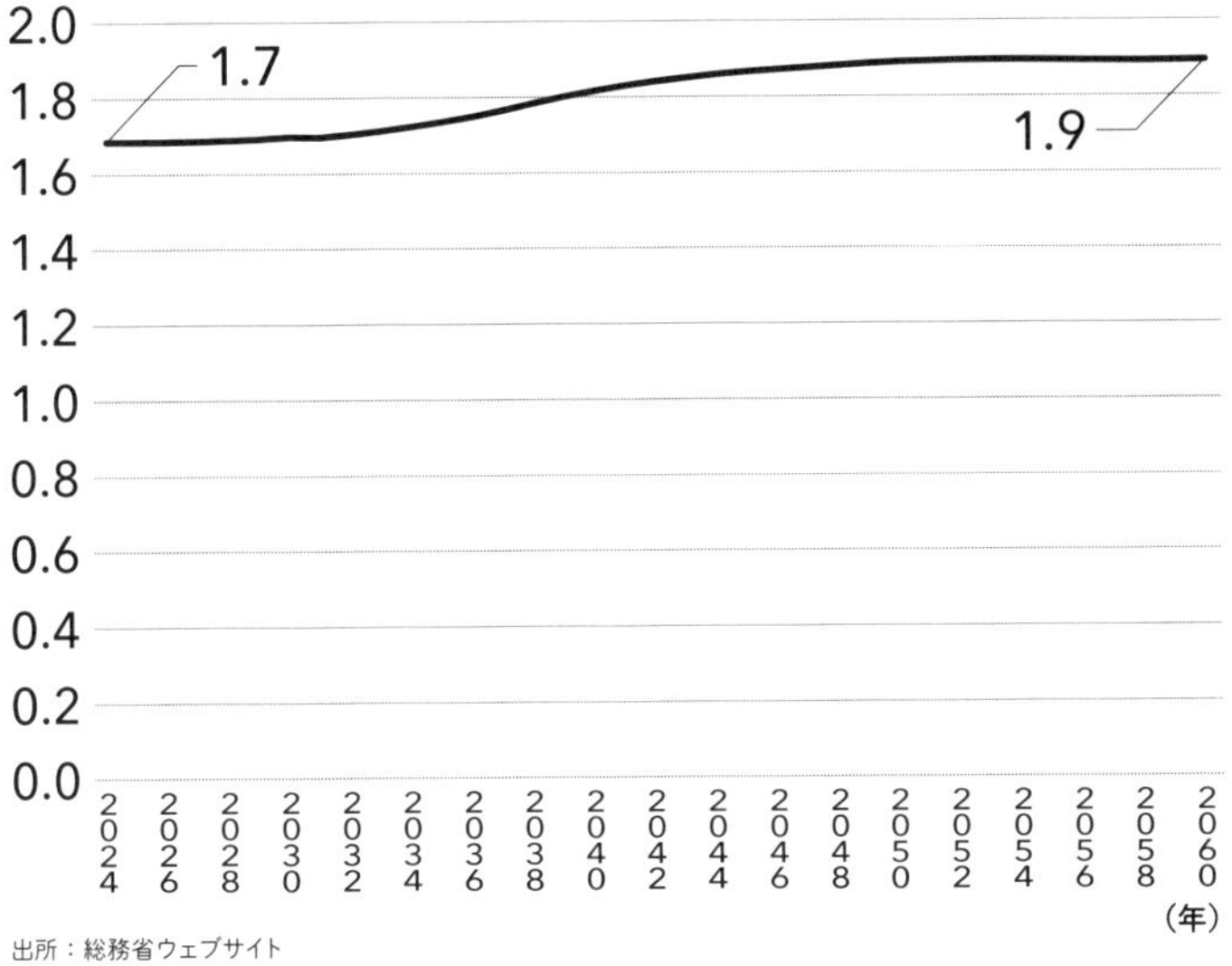

出所：総務省ウェブサイト

　図48は総務省が公表している日本の人口予想を用い、総人口を15～64歳の人口で割ったものです。総人口＝需要、15～64歳を労働力と見立てています。需要は働き手一人で何人の日本人の需要を支えるか、という簡易指標です。すると、現在は1・7の比率が2030年ごろまでは横ばいですが、それ以降は2045年にかけて1・9まで高まります。つまり、人手不足が予想されます。なお、2030年から比率が高まるのはバブル世代の退職が理由でしょう。

　賃金が上昇して物価が上がる経済の好循環が生まれると、日銀としては「あえて低金利にして、経済を下支え

図 49：日本の人口予測

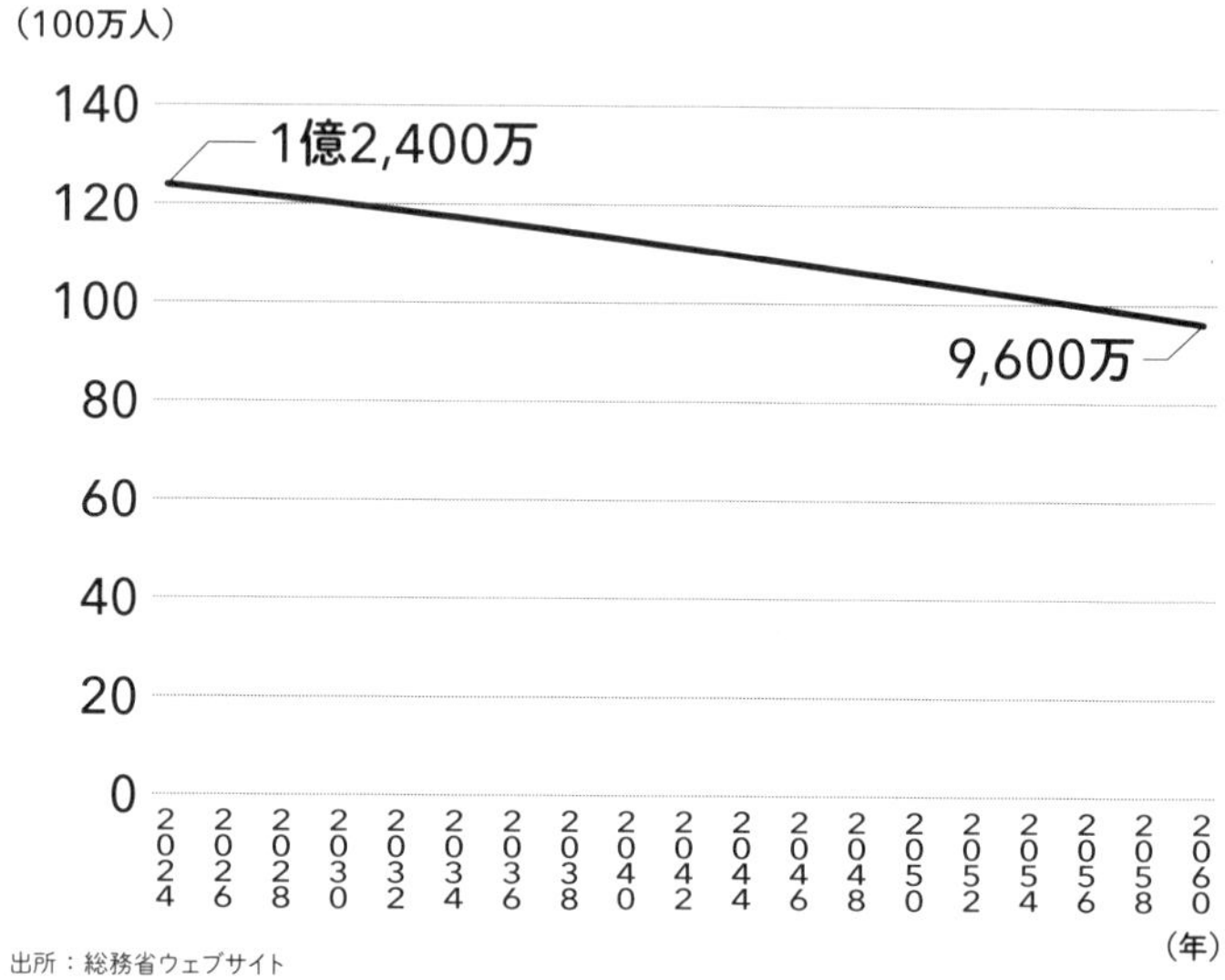

出所：総務省ウェブサイト

する必要はないよね」との判断に傾き、利上げが継続されることになります。

さて、この状況が本当に実現し、日本の低金利時代は終わってしまうのでしょうか？　私はそうとは限らないと思います。日本が抱える深刻な問題「少子高齢化」が理由です。

図49は日本の人口予測です。毎年約80万人ずつ減少し、２０６０年には１億人を割ることが予想されています。毎年約80万人の人口減は毎年０・７～１％程度の日本人が減ることを意味し、インパクトとしては強烈です。

しかも、65歳以上のシニア層比率も高まることが予想されており、図50に

図50：年代別分布

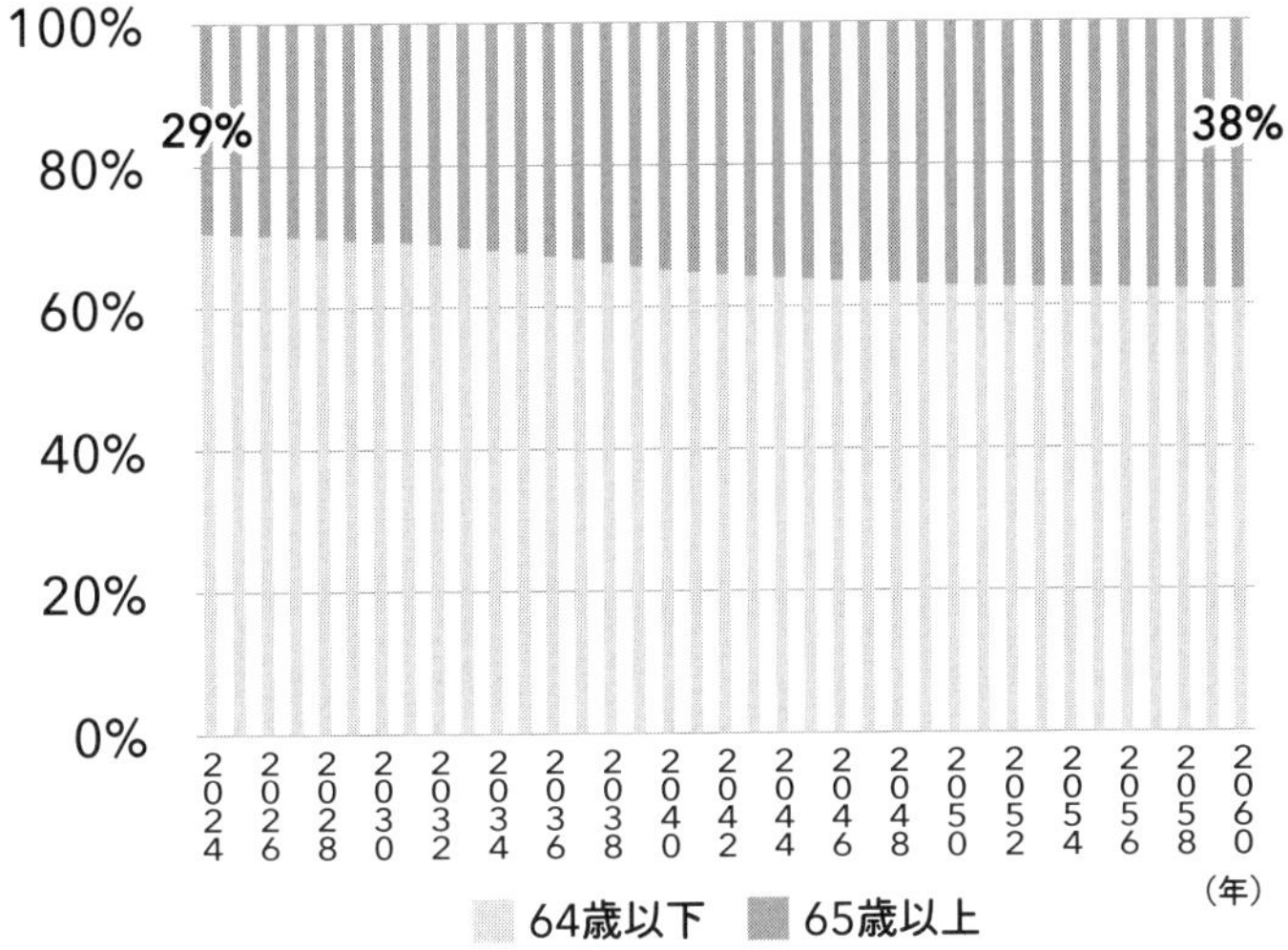

出所：総務省ウェブサイト

ある通り、2024年の29%が2060年には38%にまで上昇します。2022（令和4）年の総務省の家計調査では、年代別家計支出は50代がピークであり、その後減少していきます。シニア層はそこまで消費力が高いとはいえません。

これらの予想からいえることは、日本全体の総需要が弱まっていくということです。人口が減ることに加えシニア比率が増えるダブルパンチ状態なのです。

需要が弱まることはデフレ要因です。りんごを例に説明しましょう。とある町のスーパーでは、1日100人が200個のりんごを購入していたとします。しかしながら、人口が減りお年寄りが増えるとどうなるでしょうか？　1日80人が120個のりんごしか買わない状態になるかもしれません。そうなると、販売者や生産者は価格を下げて消費を促そうとします。つまり、売上減少となり利益も減り、給料も減り、経済には大きな逆風です。繰り返しになりますが、このデフレ現象は日銀にとっては回避しなければならないことであり、これが続くことは日本人全体が等しく貧しくなるのと同義です。

このように、賃金上昇によるインフレとなる可能性はあるものの、それを打ち消すマイナス要因も予見されています。また、人手不足はＡＩやロボットなどの代替手段によって緩和され得ます。加えて、日本は労働者の解雇要件が非常に厳しい特殊事情もあり、不景気時に人件費を削減できない経営リスクを踏まえると、一方的に賃金が上がり続けるとは言い切れないでしょう。

なお、最近では人口減少が逆にインフレを招くという学説も登場していますので、本当にデフレになるのかについては議論の余地はあります。ただ、人口減少が経済の低成長を招いてしまうことは疑いの余地はないでしょう。

ですので、このような下振れリスクが予見されるなか、日銀は経済にブレーキをかける金融引き締め（高金利政策）は取りづらいでしょう。以上を踏まえると、**「人口減によるデフレ懸念や低成長を回避するために、お金を借りやすくして経済を刺激する低金利政策が続く」**が私の中長期的な金利見通しです。

一般に、人口推移は高い精度で予測できるといわれています。この予測をベースに金融政策の今後を考えることが、金利見通しのぶれないロジック作りに役立つと思います。

さて、このように筋道を立てていくと、「日本は今後米国のような高金利になる」という意見が短絡的だということがわかってくると思います。ご存じの通り、米国は成長産業であるＩＴ分野においていくつもの超大企業を有しており、経済は好調です。そして、人口もまだまだ増える見通しであり、米国勢調査局によると２０８０年までに現在の3億3５００万人から3億７０００万人まで増えるとのことです。デフレどころかインフレが進み、経済が過熱しやすい状況ですから、それにブレーキをかけるため今後も大幅な利上げがあってもおかしくはありません。日本と米国には大きな距離感があります。

以上、長期の金利見通しをお伝えしましたが、私の見通しが１００％当たるかというとそうではないところがあるかもしれません。ただ、日銀は利上げの前提条件として賃金上昇を掲げています。この前提が崩れない限り、利上げされるタイミングでは賃金は上がっています。たとえば、年収500万円の人が3500万円の住宅ローンを組んだ場合、0・25％金利が上がると金利負担は年間約9万円増えます。一方、今年の春闘のように賃金が5％増えると収入は25万円アップし、これに加えて預金金利と積立投資の収益が加算されます。物価上昇を加味しても、決してローンを支払えないわけではないはずです。「金利上昇」という言葉を目にすると支出だけを気にしがちですが、収入面も踏まえると金利上昇を過度に不安に感じる必要はないと思うのです。

また、賃金上昇を伴わない金利上昇ももちろんゼロではありませんが、そういうことに備えて、第2章でお伝えした「低金利の変動金利を選び、返済額が低い今のうちにどんどん積立投資をする」を今すぐ実践してください。繰り返しですが、変動金利を借りたのであれば、積立投資は必須です！

以上の金利見通しを踏まえ、変動と固定どちらがいいのかを次章で徹底解説します！

第5章

金利が上がっても、住宅ローンは「変動が有利」といえるわけ

図51：毎月の金利支払額

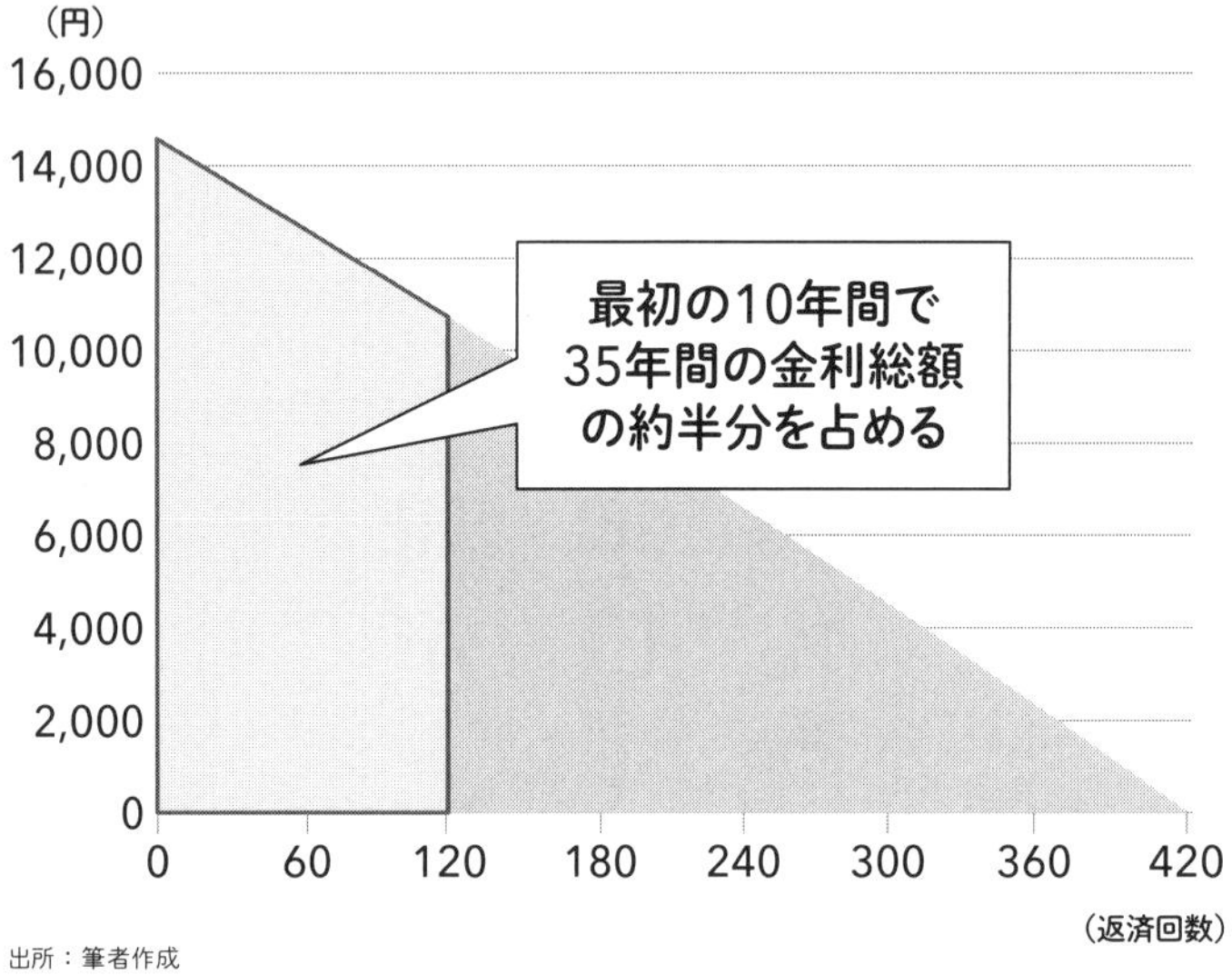

出所：筆者作成

ローン返済は最初の10年が肝

第4章でお伝えした通り、大幅な金利上昇はないと私は考えています。であれば住宅ローンは変動金利が有利になるのは当然です。ですが、もし金利が上がったら？　それでもやはり「変動金利が有利」と考えています。

その考えの一つの根拠になるのは、住宅ローンの特徴である、「借り入れ当初に金利が多く発生する」ということです。元利均等払いで35年払いの住宅ローンを組んだ場合、図51の通り、なんと最初の10年間だけで金利総額のおよそ半分を占めます。

図52：毎月返済額の内訳

返済回数	毎月返済額	うち、金利支払額	うち、元本支払額
1回目	90,855円	14,583円	76,272円
210回目	90,855円	7,645円	82,210円
420回目	90,855円	38円	90,817円

出所：筆者作成

たとえば、元本が3500万円、35年払い、金利が0・5％（元利均等返済）の場合、図52のように毎月の返済額は9万855円になります。そのうち、初回の金利は1万4583円ですが、それがだんだんと減っていき、210回目では7645円、最終回ではなんと38円にまで減ります！　そして、35年間で支払う金利の総額が316万円であるのに対し、最初10年間で支払う金利はほぼ半分（48％）の152万円です。

このことから何がいえるでしょうか？　それは、**「最初の10年間の金利をいかに低く抑えるか」**がポイントだということです。最初の10年間を低金利で乗り切ることができれば、35年間の金利総額も少なくなり、その後に金利上昇があったとしても元本がだいぶ減っていますので、インパクトは限定的です。

2024年3月の時点で、一般的な住宅ローンの変動金利は0・3～0・4％、固定金利は1・8％程度です。つまり、変動金利と固定金利の選択については「金利が上昇したとしても、それが返済前半に起きなければ、変動金利を選ぶほうが有利」という見方ができますよね。

私の意見は、高金利の固定金利を選んで、わざわざ最初からたくさん金利を払うよりは、最初の10年を低金利で過ごすためにも変動金利のほうがよいと考えています。

固定と変動がひっくり返るには、利上げが6回必要

昨今、「マイナス金利解除」がニュースで取り沙汰されているので、「今後変動金利が上がって固定金利より高くなるかも」と心配に感じる人が増えていると思います。

ですが、そこまで不安にならなくてもいいのでは、と私は思います。まずは図53を見てください。ここでは、日銀の政策金利上昇で、変動金利がどれくらい上がるかをまとめています。

変動金利0・5％を出発点にしています。政策金利が0・1％に達するまでは短プラは上昇せず、変動金利は0・5％のまま変わらない前提です。

さらに政策金利が上がり、0・25％になったときに短プラが初めて上がり、変動金利が0・5％から0・65％に上昇します。ここから先は、政策金利の利上げと同じ幅で変

図53：利上げ時の変動金利の上昇

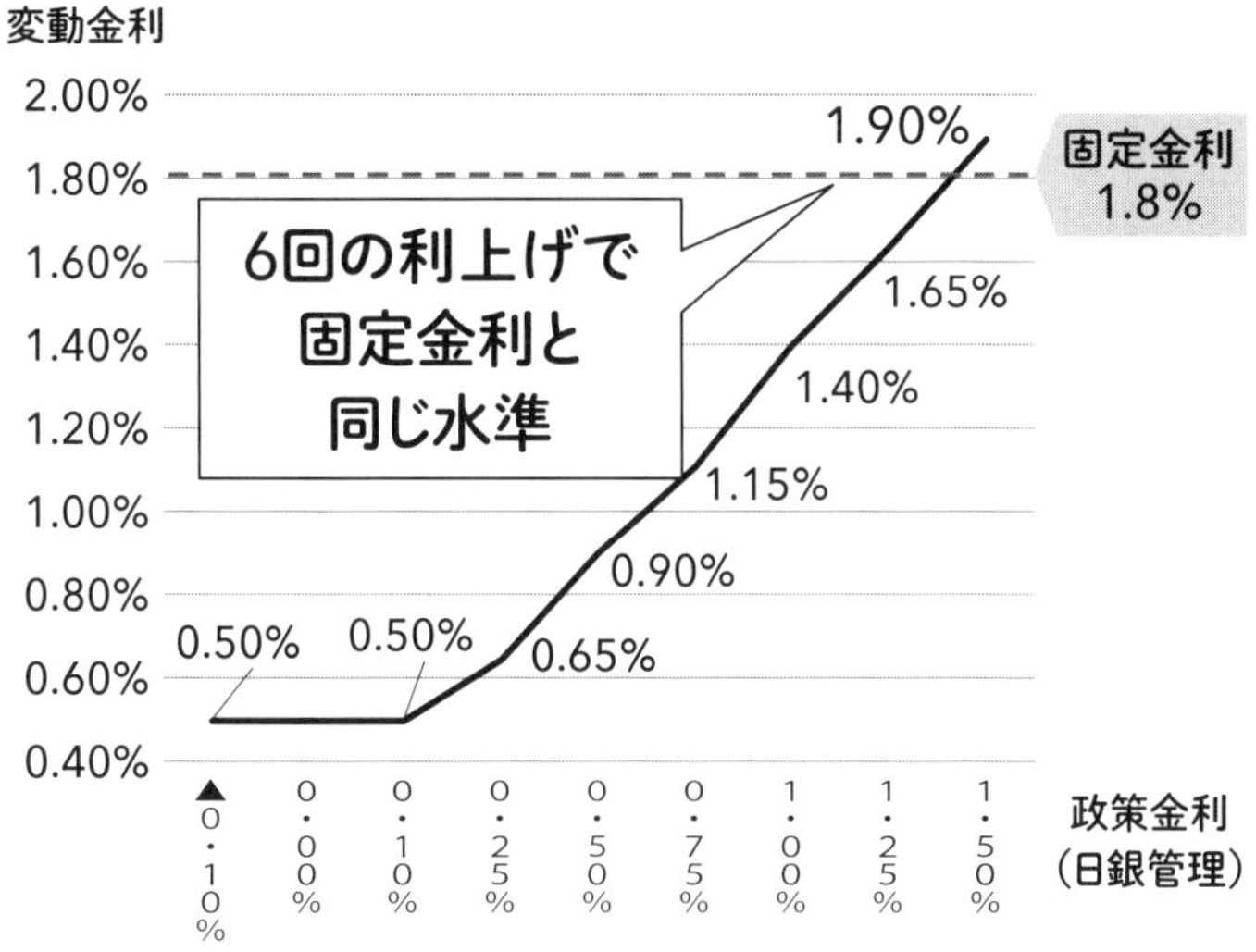

出所：筆者作成

動金利の適用金利が上がっていくと考えてください。

次に固定金利を見ていきましょう。固定金利は現在1・8%程度ですので、固定金利と変動金利がひっくり返る水準になるには、政策金利が1・5%まで上がらなくてはいけません。一般的に利上げは0・25%ずつ行われますので、この上げ幅は利上げ6回分に相当します。

もちろん、政策金利が0・1%になる前に短プラを上げる銀行もあるかも知れませんが、そうであったとしても、変動と固定がひっくり返るには5回の利上げが必要でしょう。

マイナス金利解除でさえ議論百出だ

ったわけで、このプロセスが5回、6回と短期間の間に連続して行われるとは到底考えづらいです。仮にそうなったとしてもまだまだ先でしょう。そうなると、先ほど申し上げた「いかに10年を低金利で通過するか」という観点では変動金利に軍配が上がります。

また、景気動向次第では利上げ後に利下げが起きる可能性もあり、日本で利上げが35年間継続して行われるほど好景気が長期にわたって続くことは到底考えられません。

「変動vs固定」徹底シミュレーション

ここでは金利上昇シナリオをいくつか想定し、「変動vs固定」の比較シミュレーションを行ってみたいと思います。条件は次のようなシンプルな設定にしました。

- 借入元本3500万円、35年返済、元利均等払い
- 1・8%の固定金利と0・5%の変動金利（ただし、金利をどんどん上げていく）を比較

もし固定金利1・8%を選んだとすると、毎月返済額が約11・2万円で、金利の総額は約1220万円となります。

図54：変動金利の上昇シナリオ

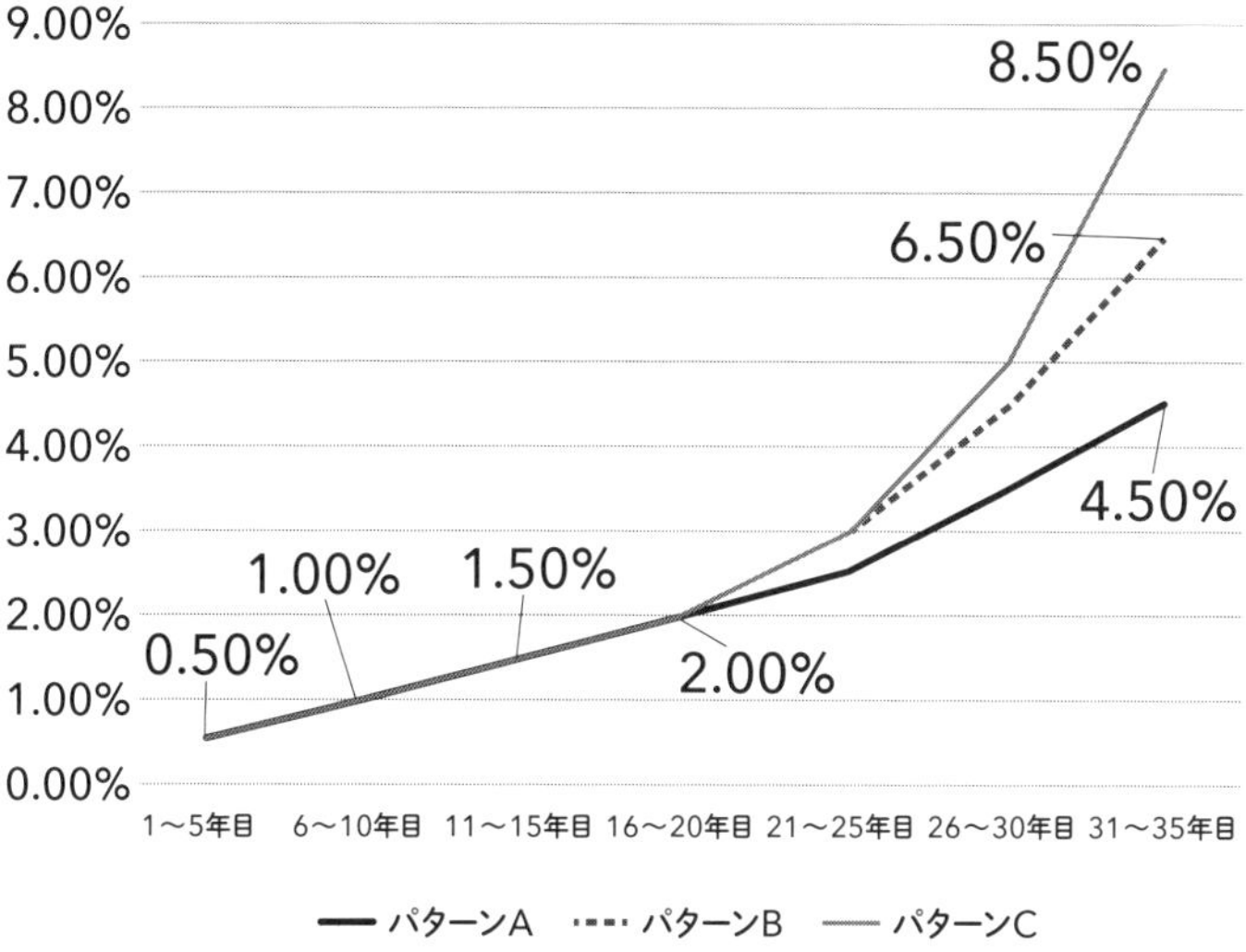

出所：筆者作成

では、どの程度の金利上昇が起きた場合に、「変動金利よりも固定金利を選んだほうが結果的にお得だった」という状況になるのでしょうか？

ここからは将来の金利を想定する必要がありますが、植田総裁は当面は緩和的な環境を維持することを明言していることを踏まえ、「最初の20年間は5年ごとに0・5％ずつ金利が上がり、その後に一気に上がる」というシナリオで3パターン（図54）を考えてみました。

パターンA：4・5％まで上昇
パターンB：6・5％まで上昇
パターンC：8・5％まで上昇

図 55：金利上昇シナリオ別の金利総額

金利上昇シナリオ	金利の総額
A：0.5%→4.5%	1,015万円
B：0.5%→6.5%	1,144万円
C：0.5%→8.5%	1,209万円

出所：筆者作成

これらのシナリオの中で、固定金利と同じ総返済額1220万円となるのはどれだと思いますか？

答えは……Cです！　Cのように金利がかなりの急上昇を見せない限り、固定金利よりも変動金利を選んだほうがお得というわけです（図55）。

なぜここまでの急上昇が必要になるかというと、（元利均等払いであれ元金均等払いであれ）住宅ローンは最初の10年で元本もだいぶ減ることになるので、その後に発生する金利は少なく、よほどの金利急上昇でなければ固定金利を上回るほどの金額にはならないからです。

このシミュレーションについて、「もっと早めに利上げが行われると結果が変わるのでは？」と感じた人がいるかもしれません。その通りで、たしかにもっと早くから金利が上昇すれば、固定金利が有利になる可能性が高まりますが、お伝えしたように日銀は利上げを急がない姿勢であり、固定と変動の金利差を埋めるほどの大幅な利上げは考えにくいです。

とはいえ、このシミュレーションの結果だけでは変動金利でいいのか不安になる人もいますよね。続いては、景気サイクルも踏まえたより実態に近い金利シミュレーションもお見せしましょう。

第4章で申し上げた通り、金利は日銀がコントロールしており、不景気であれば景気浮上のために低金利にし、好景気であればブレーキをかけるために高金利にします。そして、好景気と不景気は必ず交互にやってきます。そのため、住宅ローンを完済する35年後まで「ずっと利下げ」や「ずっと利上げ」という状況は非現実的です。

このことを確認するためには、過去30年の景気サイクル（好景気と不景気）と、金利の動きを見るのが一番です。

まずは、日経平均株価の過去の推移と内閣府が発表している景気循環を見てみましょう。図56を見ると、好景気と不景気の時期が交互に来ていることがわかりますね。濃いグレーの部分が好景気、薄いグレーの部分が不景気と判定された時期です。

次に短プラの動きも見てみます。短プラは住宅ローンの基準金利であり、日銀の政策金

図56：日経平均株価の推移と景気循環

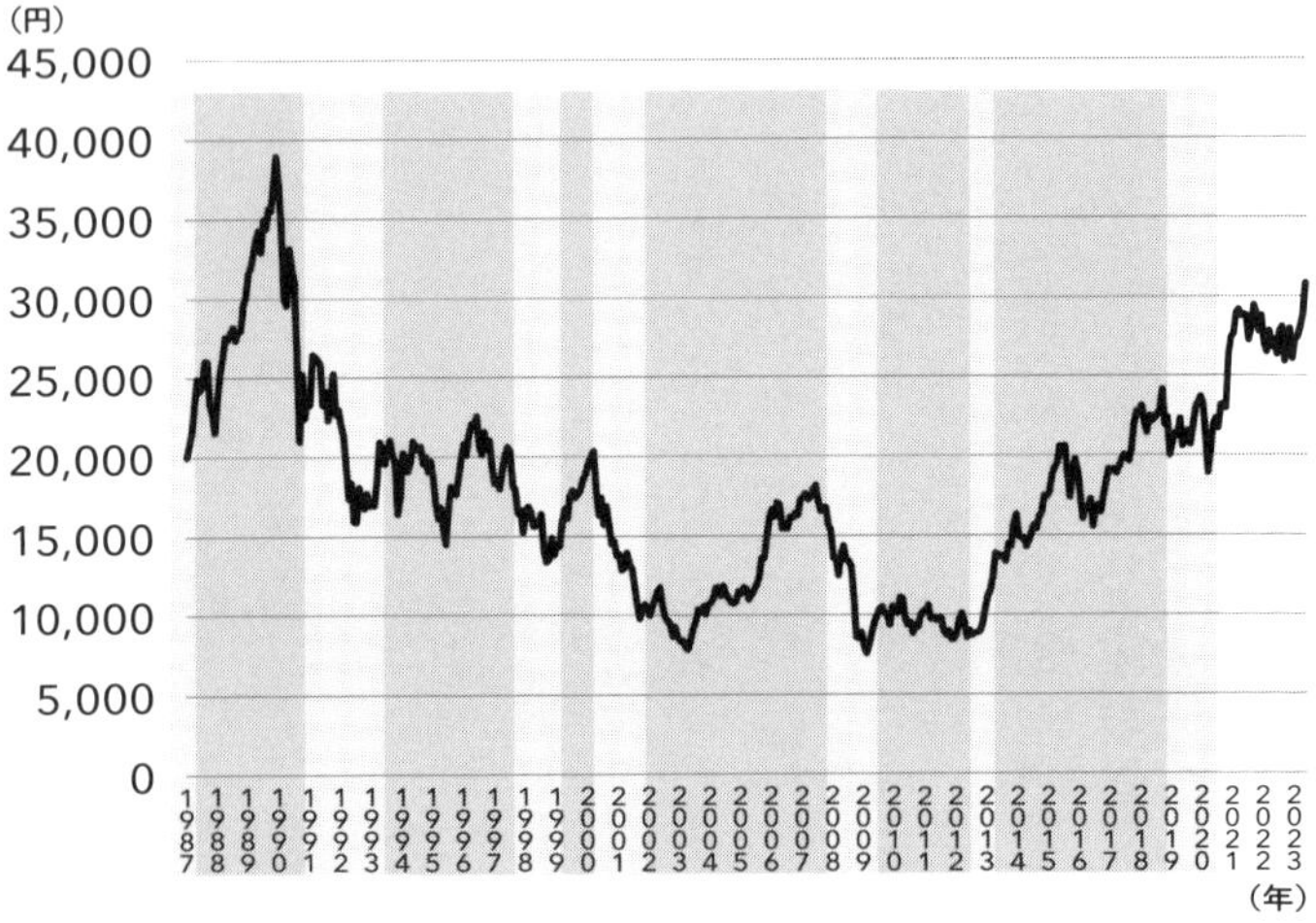

※濃い色：好景気、薄い色：不景気　なお、2020年5月以降の景気判定はまだされていない

出所：内閣府ウェブサイト、Yahoo! ファイナンス

利と概ね連動すると説明しましたね。

図57のように短プラは過去30年間で2回上昇していて、ＩＴバブルで景気がよくなりかけた2001年頃に日銀の利上げと同時に約7か月間にわたり0・125%の金利上昇が起こり、次は2006年から27か月間にわたり0・5%の金利上昇が見られました。1回目と2回目の金利上昇の間隔は5年、そして2回目からは15年間金利が上がっていません。

参考として米国の政策金利についても調べてみました（図58）。こちらは日本よりも上下への動きが大きく、過去20年間で高金利が12年間、低金利が8年間ありました。日米を比べると、

図57：短期プライムレートは過去30年間で2回上昇

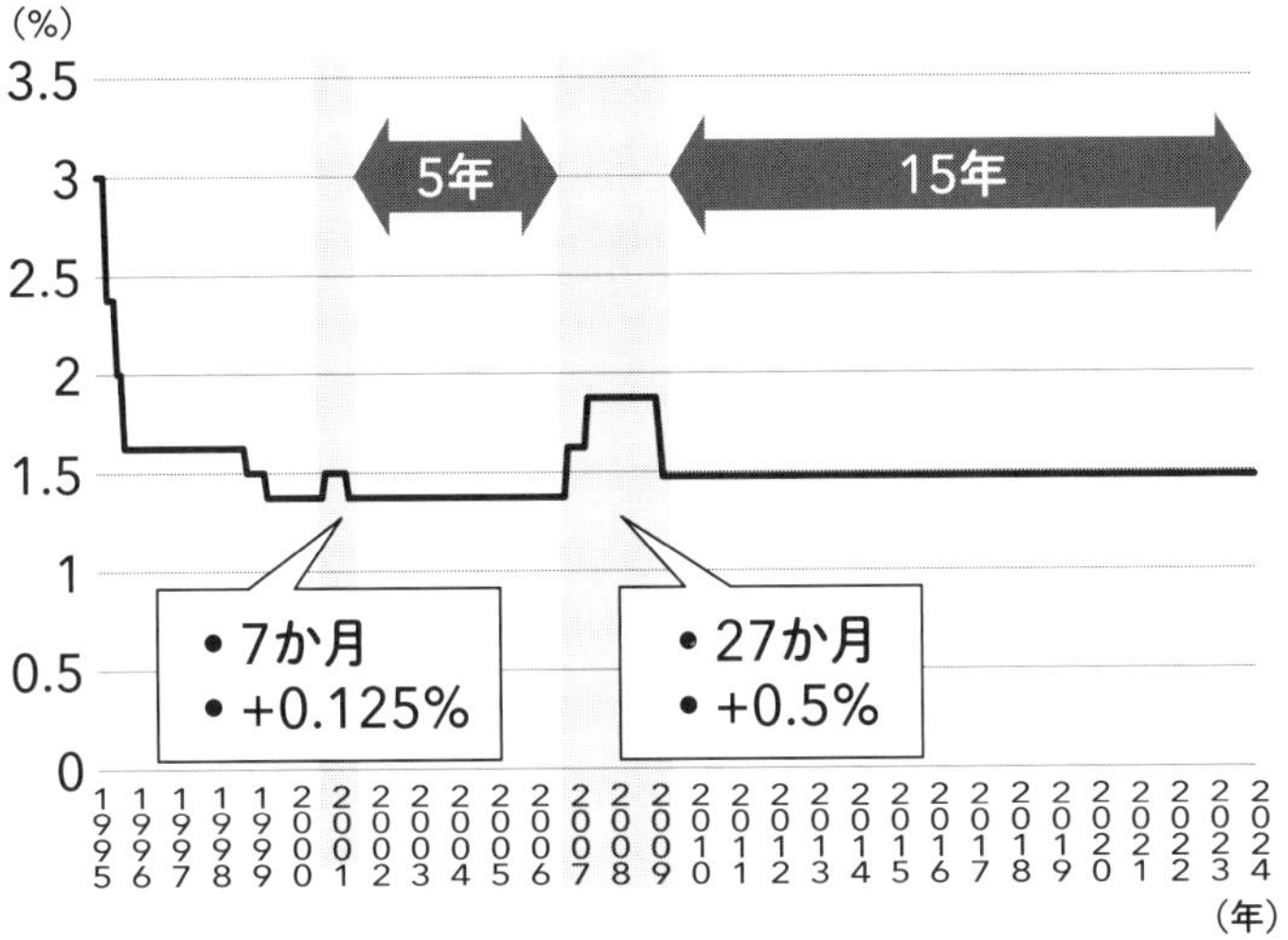

出所：日本銀行ウェブサイト

米国のほうが利上げサイクルは高頻度であり、利上げの期間も長いです。そして利上げ幅は5％なので日本の10倍もの金利上昇が行われました。

このような違いがなぜ起きるかというと、日米の経済成長力の差です。利上げは「景気の過熱」に対するブレーキなので、経済成長力が低い日本は利上げの頻度も幅も小さいという特徴があるのです。

とはいえ、金利が高いイメージがある米国でもずっと高いわけではなく、過去20年のうち4割は低金利時代だったという点にも注目してください。米国の低金利時代は0・25％とほぼゼロ金利であり、あれだけガンガン利上

図58：アメリカの政策金利（過去20年間）

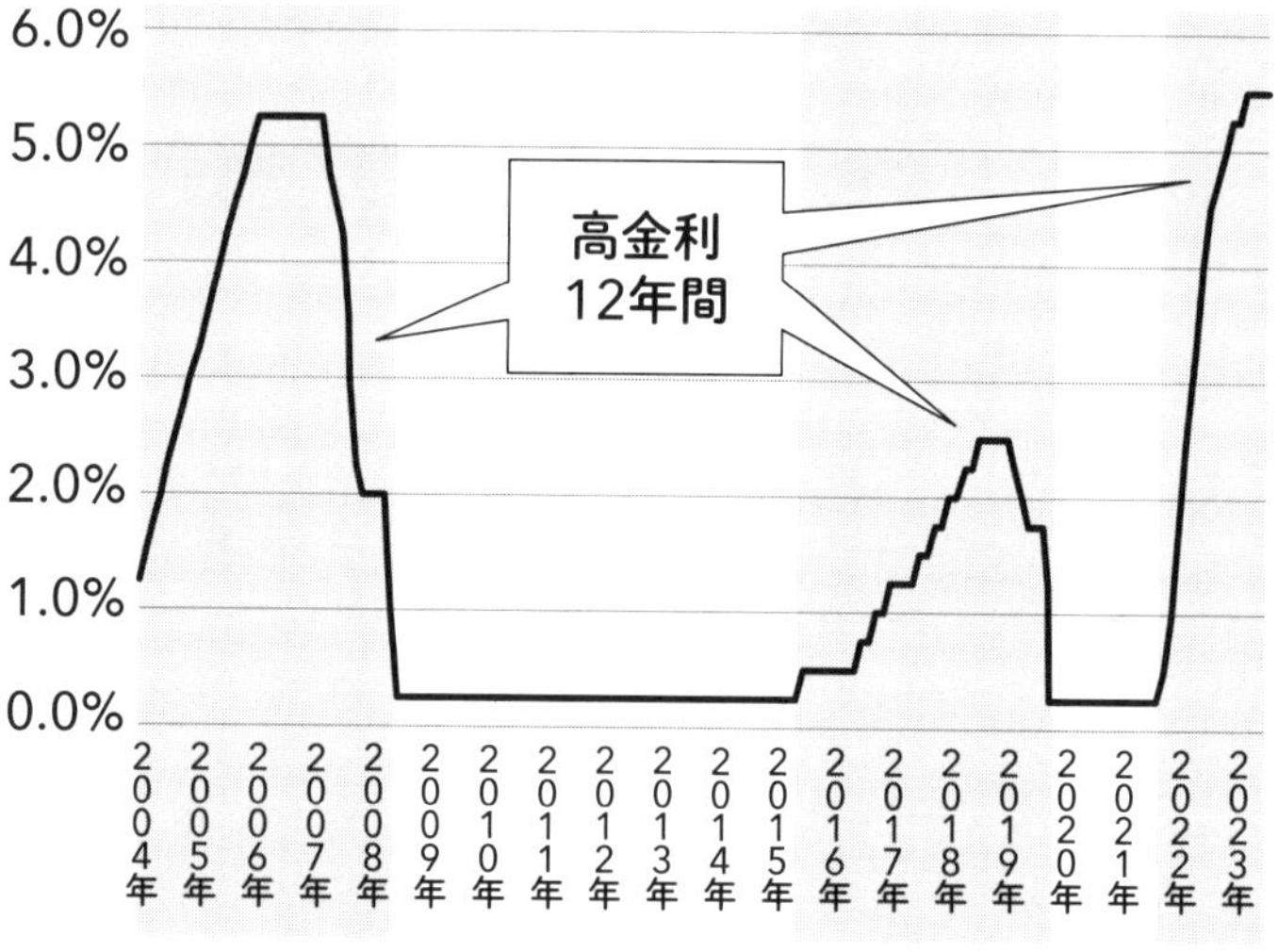

出所：FRBウェブサイト

げをする国でも、実はゼロ金利近辺の期間も意外と長いのです。

　というわけで、今後の日本も基本的には高金利と低金利が周期的に繰り返され、しかも高金利の時期はあまり長くないことが想定できます。先ほどの分析では、高金利の時代は1～2年程度で、約10年の周期でしたね。

　このことを踏まえて、固定金利と変動金利のどちらが有利かをあらためて検証してみましょう。図59のように今後周期的に高金利時代が来ると仮定して、変動金利0・5％と固定金利1・8％の金利総額が同程度になるのは、ABCのどのパターンかを調べます。前提条件は次の通りです。

図59：金利総額が固定金利と同じになるのは?

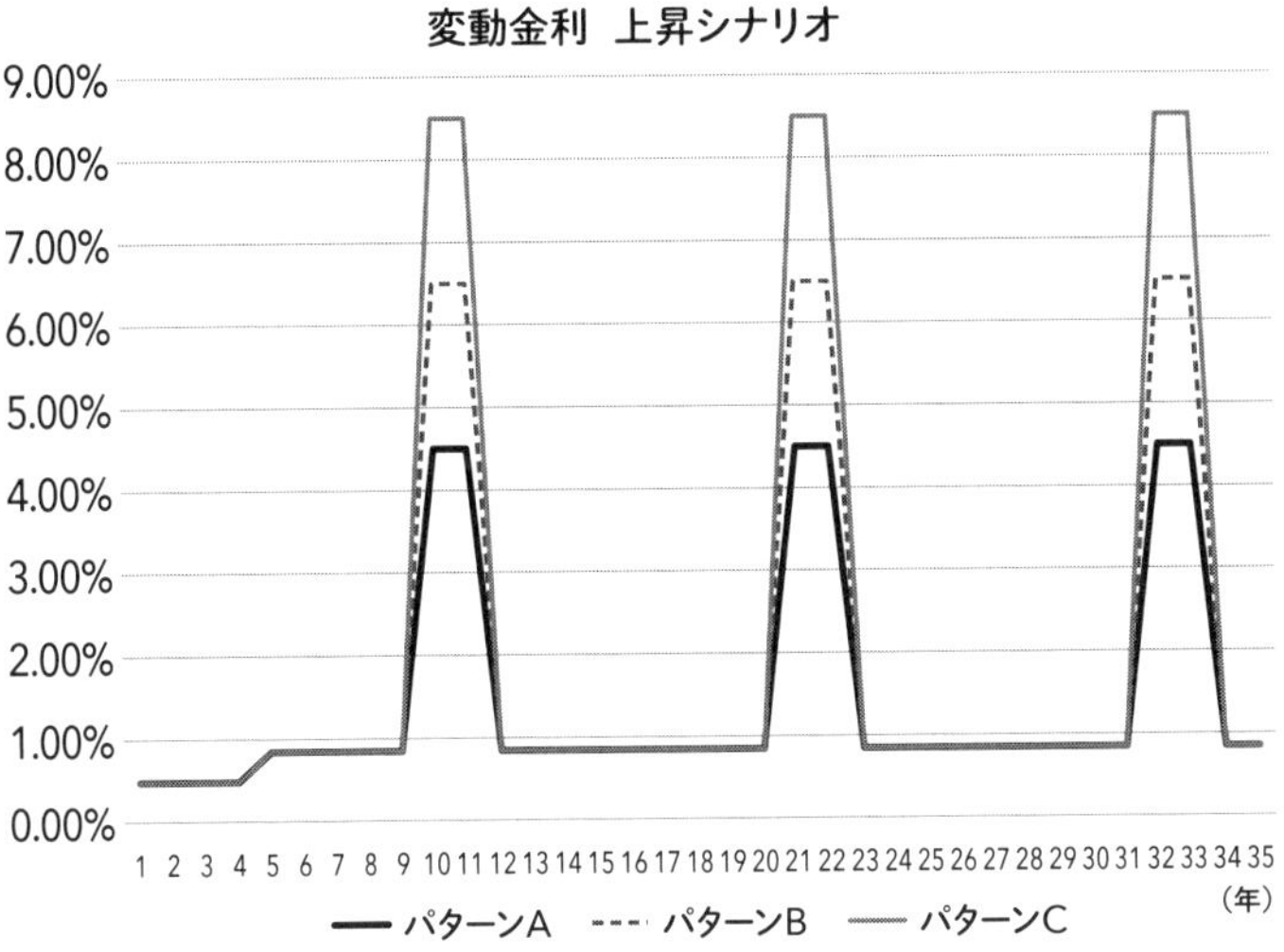

出所：筆者作成

- どのパターンも最初の4年間の金利は0・5％
- 5年目以降の低金利の期間は0・75％
- 高金利が続くのは2年間で、パターンAでは4・5％、Bでは6・5％、Cでは8・5％
- その後、低金利が8年続くサイクルを繰り返す

このシミュレーションでは一体どのパターンが固定金利と金利総額が同じになると思いますか?

答えはCです！

35年の返済期間中8・5％への上昇

が3回あると、固定金利1・8％の金利総額1220万円に近い金利総額1240万円になります。パターンAの金利総額は820万円、パターンBは1030万円ですから、この二つの場合は変動金利のほうがお得です。

話を整理すれば、パターンCの「8・5％の高金利が住宅ローン返済中に3回も来る」という状況になって初めて変動金利が固定金利を上回るということです。

次に考えたいのが、「実際にパターンCのような状況はおき得るのか？」です。

勘のよい方は気づかれたかもしれませんが、金利8・5％というのはバブル時代の金利水準です。あの時代の高金利が3連発してやっと変動よりも固定が有利な状況になります。

というわけで、あらためて結論を。

「変動と固定、どちらがいいですか？」と聞かれたら、私はこう答えます。

「住宅ローン返済中にバブル並みの好景気がやってくると思うなら固定金利にしてください。そうでなければ変動金利が有利です！」

私自身は、少子高齢化を迎える日本が1980年代のバブル景気並みに過熱することはないと思っています。ゆえに変動金利がいいと考えています。

あのど派手な時代は個人的には一度味わってみたい気もしますが……。

資産運用も絡めた30パターンのシミュレーション

先ほどお見せしたシミュレーションについて、「もっと金利上昇期間が長かったらどうなるんだ？」「結局変動金利ありきの恣意的なシミュレーションでは？」とご指摘があるかもしれませんね。そんな疑問にもしっかりお答えしていきます！

次に行うシミュレーションは、図60のように今後の「金利の上昇幅」と「高金利が続く期間（返済期間中に占める高金利期間の割合）」という二つの変数を組み合わせて、計30パターンで住宅ローンの金利総額を比較するというものです。

まず金利の上昇幅については、図61のように＋0・5％から＋3・0％までの6パターン。そして高金利の期間は全期間の20％を占めるケースから80％を占めるケースの5パターン。これら二つを組み合わせると、全部で30パターンのシミュレーションとなります。

そのうえで、まずは「借入元本3500万円、固定金利1・8％」という前提で計算をすると、金利支払総額が1220万円で毎月返済額が約11・2万円となります。そして、同じく3500万円のローンで変動金利が0・5％で35年間ずっと続けば、金利支払総額

図 60：金利上昇幅と高金利期間の 2 つを変化

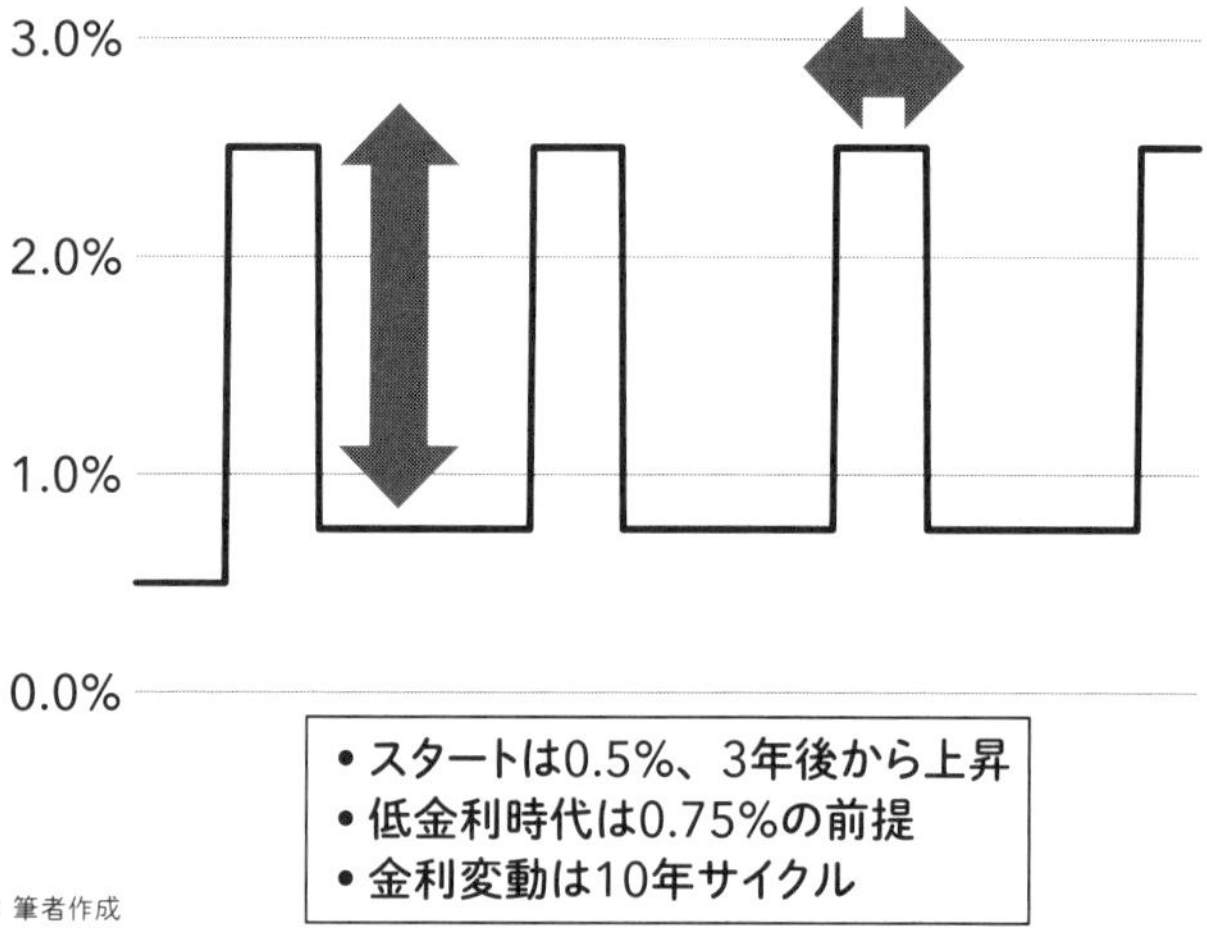

出所：筆者作成

図 61：金利シミュレーションのパターン

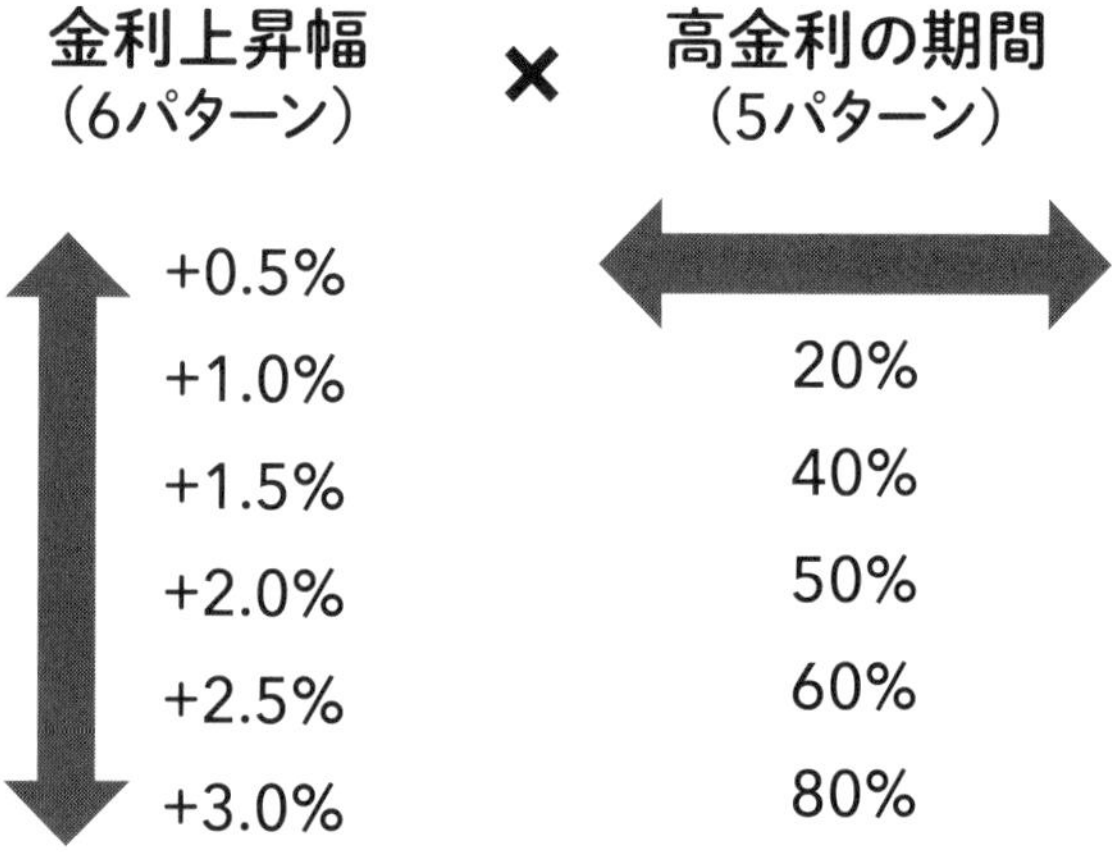

出所：筆者作成

図62：35年間の金利総額（縦軸：金利上昇幅　横軸：高金利期間）

	20%	40%	50%	60%	80%
+0.5%	489	520	534	548	573
+1.0%	559	654	698	741	819
+1.5%	629	790	866	939	1,073
+2.0%	700	929	1,037	1,142	1,337
+2.5%	772	1,070	1,212	1,350	1,609
+3.0%	844	1,213	1,390	1,562	1,889

（万円）
※5年125%ルールなし

出所：筆者作成

は約316万円、毎月返済額は約9・1万円となります。

これをベースに先ほど申し上げた30個のシナリオをシミュレーションしてみた結果が図62の通りです。縦軸が金利の上昇幅、横軸が高金利の期間になっています。なお、計算を単純にするため5年125％ルール（第7章で解説）は適用なしです。

いかがでしょうか。固定金利の金利支払総額1220万円と比較すると、大半のケースで変動金利のほうが金利支払総額が少なくなっています。なお、変動金利が有利なところは太い数字、固定金利有利は細い数字としています。

ご参考までに、毎月返済額がどれぐらい増えるのかも見てみましょう。金利が一時的に上がると毎月返済額も一時的に上がります。実際の支払額を図63に示しています。変動金利が1・5％以上上昇する

図 63：毎月返済額の最高値（縦軸：金利上昇幅　横軸：高金利期間）

	20%	40%	50%	60%	80%
+0.5%	9.8	9.8	9.8	9.8	9.8
+1.0%	10.6	10.6	10.6	10.6	10.6
+1.5%	11.4	11.4	11.4	11.4	11.4
+2.0%	12.2	12.2	12.2	12.2	12.2
+2.5%	13.1	13.1	13.1	13.1	13.1
+3.0%	14.0	14.0	14.0	14.0	14.0

（万円）
※5年125%ルールなし

出所：筆者作成

と、当然のことながら変動のほうが固定よりも高くなります。

さて、みなさん大事なことを忘れていませんか？　そう、「固定と変動の金利差分を資産運用（積立投資）に回す」ということを実践すれば、さらに変動金利が有利となります。

では、年利2％のパフォーマンスで資産運用をした場合のシミュレーションを見てみましょう。

ここでは、固定金利の毎月返済額である11・2万円を基準に、変動金利にすることで浮いたお金を全額投資にあてたとして計算しています。つまり、もし金利が上昇すると、変動金利の毎月返済額が増えてしまうので、資産運用にあてられる金額は少なくなります。そして、さらに金利が急上昇して11・2万円よりも毎月支払額が多くなったときは、過去の資産運用の利益を取り崩すことにします（図64）。

図64：変動金利と積立投資を組み合わせた返済イメージ

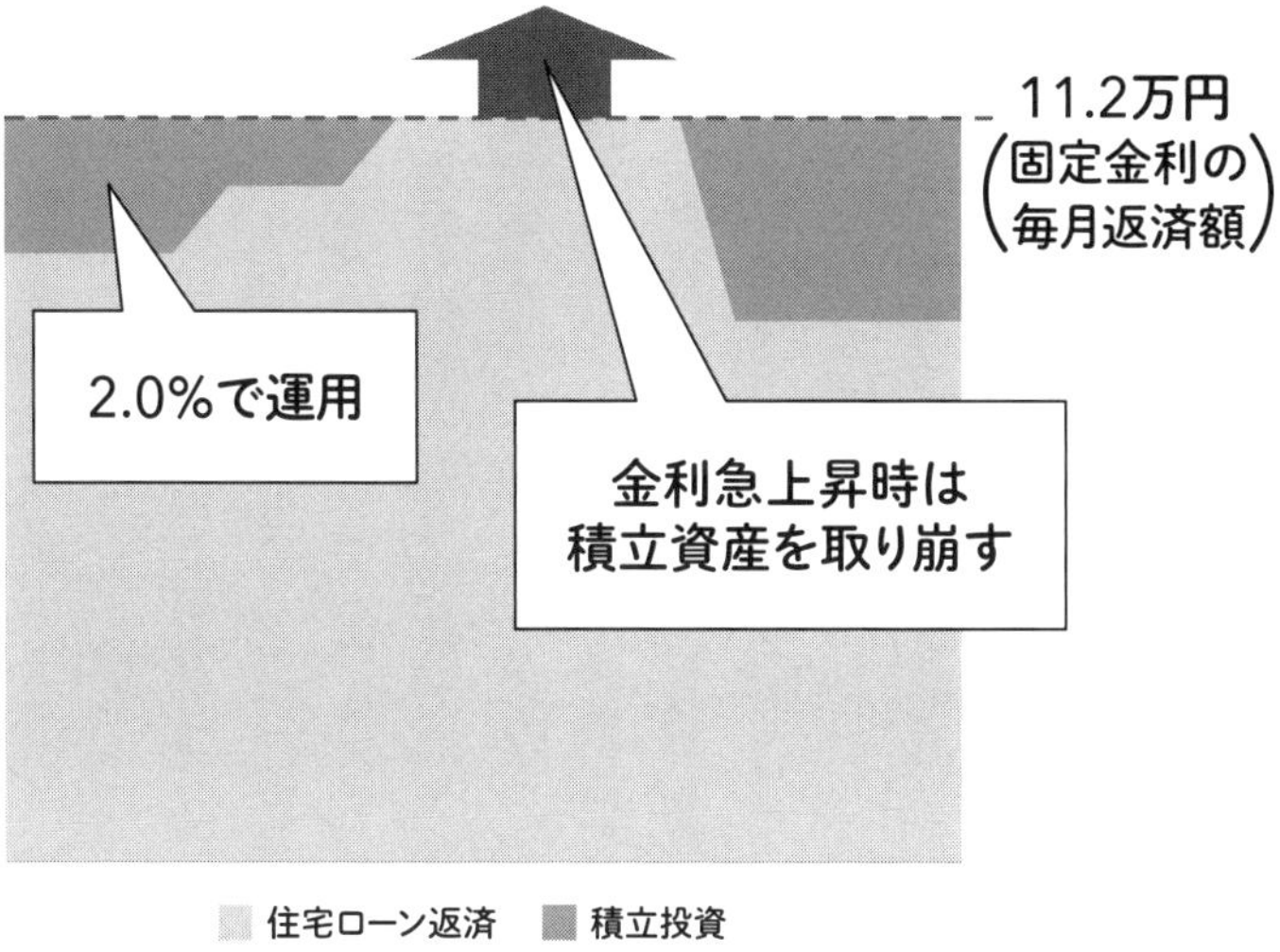

出所：筆者作成

図65：金利支払総額ー資産運用の利益（縦軸：金利上昇幅　横軸：高金利期間）

	20%	40%	50%	60%	80%
+0.5%	154	199	219	238	272
+1.0%	257	393	455	514	620
+1.5%	360	591	697	798	981
+2.0%	465	793	945	1,090	1,326
+2.5%	572	996	1,179	1,337	1,603
+3.0%	679	1,171	1,376	1,553	1,884

（万円）
※5年125%ルールなし

出所：筆者分析

では、この条件で「金利支払総額－資産運用の利益」を計算してみると、結果は図65のようになります。ほとんどのケースで変動金利を選んだほうが負担が少なくなっていますね。なお、当然のことながら、高金利かつその期間が長いほど、資産運用に回せるお金が少なくなるため資産運用効果は低減します。それゆえに、低金利の今のうちに資産運用をしっかりやることが大切といえます。

資産運用も加味すると、やはり「多くの場合で変動が勝つ」ということをご理解いただけましたか？　ちなみにシミュレーションでは資産運用の利回りを保守的に2％としていますが、第2章でお伝えしたように、たとえば米国株のS&P500などのインデックス投資をすれば、過去の実績から見ても年率4～5％ぐらいになる可能性は十分にあります。となると、ますます変動金利のほうが有利ということになります。

変動金利で低金利のメリットを活かしつつ、資産運用でパフォーマンスを高めるのが、今を生きる日本人の最強の武器なのです。

図66：基準金利の決まり方

	基準金利の決め方	具体的な内容	銀行の例
1	短期プライムレート連動	法人融資の最優遇金利（期間1年内）	3メガ・地銀
2	リテールビジネス状況を踏まえ判断	資金調達・営業コストから総合判断	ネット系銀行
3	TIBOR連動	銀行間でお金を貸し借りする金利	ごく一部の金融機関
4	長期プライムレート連動	法人融資の最優遇金利（期間1年超）	一部の地域金融機関

出所：各金融機関ウェブサイトより著者作成

長プラ連動の変動金利には気をつけろ！

変動金利がおすすめと説明してきましたが、なかには「避けるべき変動金利の住宅ローン」が存在します。

あまり知られていないことですが、変動金利を左右する基準金利の決め方は4種類あり、このうち一つだけがいうなれば地雷商品なのです。ということで、四つそれぞれ説明していきます（図66）。

一つ目は、法人向け融資の金利をベースに決める銀行です。第4章でお伝えした通り、法人向け融資の基準となる短期プライムレート（短プラ）に1％を足したものを住宅ローンの基準金利として使っています。このパターンはメガバンクや多くの地方銀行がよく用いています。

二つ目は、リテールビジネス（住宅ローンビジネス）の資金調達コストや営業コストと、住宅ローンから得られる収益を天秤にかけ、総合的に判断して基準金利を決定するというもので、主にネット銀行がこのやり方をとっています。

三つ目のTIBOR（タイボー）連動は聞き慣れない言葉だと思いますが、これは銀行間でお金を貸し借りするときの金利をいい、ごくごく一部の金融機関で採用されています。

四つ目が長期プライムレート（長プラ）連動で、期間1年超の法人融資の最優遇金利を参考にする方法です。これは一部の地域金融機関が採っています。

このように細かく見れば4方式あるのですが、大きく二つに分けて理解すれば十分です。短期金利に連動する一〜三つ目と、長期金利に連動する四つ目に分けて考えます。

一〜三つ目の基準金利は、基本的に日銀の金融政策に影響されるので、日銀が低金利政策を続ける限りは低位で安定します。しかし、四つ目の「長プラ連動」の住宅ローンの場合、長期金利に連動するため、結果的に「金利が上がりやすい」という特徴をもっています。

事実として、最近は変動金利の引き下げ競争によってここ数年間は毎月のように金利低下が進んできたにもかかわらず、長プラ連動の変動金利は上がっています。なぜなら、基準金利となる長プラが2022年から2024年の間に1・00%↓1・50%と0・50%も上昇したからです（図67）。

図67：2022〜2024年の長期金利（長プラ）の推移

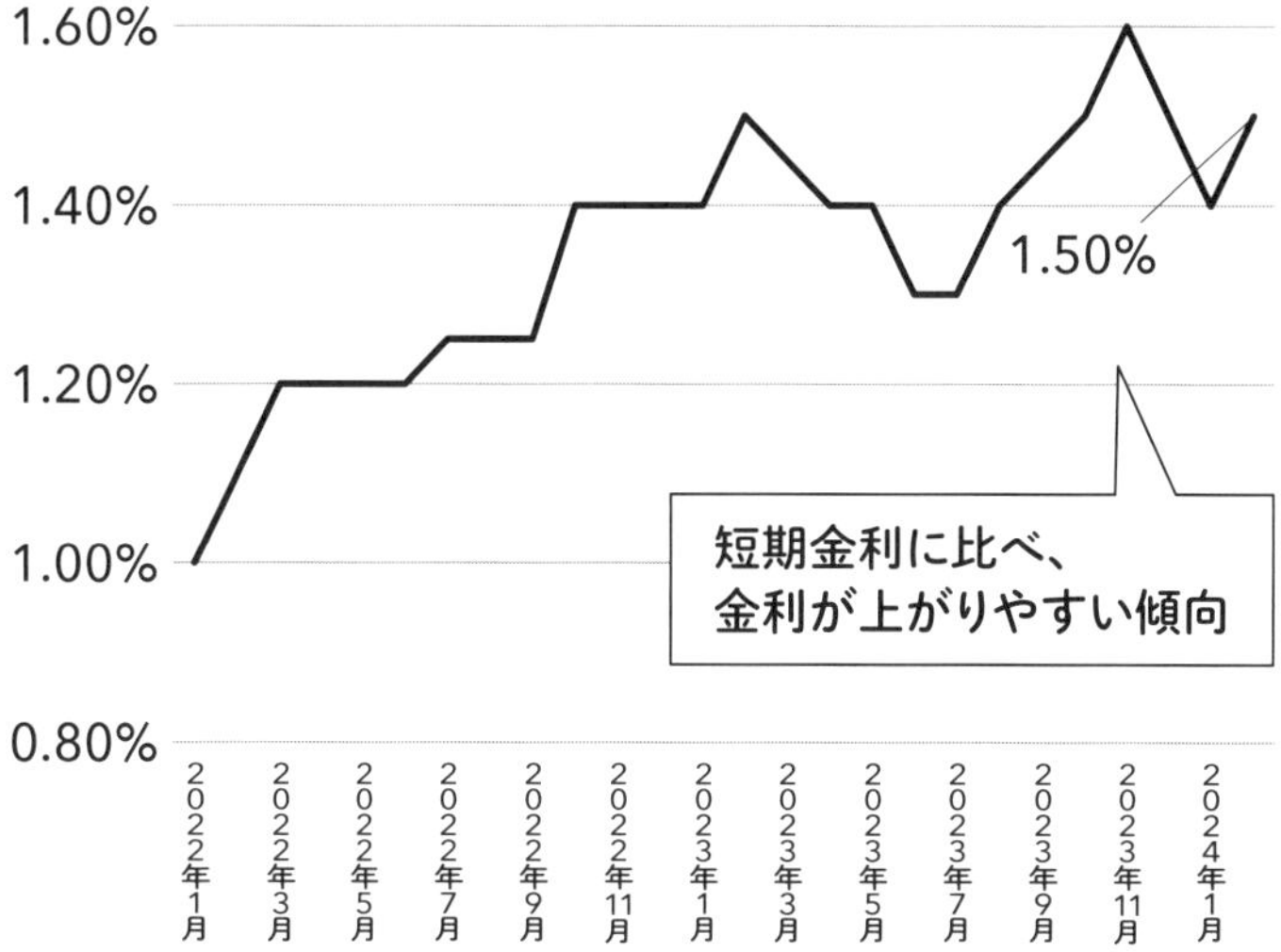

出所：日本銀行のデータをもとに筆者作成

短期金利は低いまま据え置かれているのに、なぜ長期金利は上がりやすいのでしょうか？　理由は、短期金利は日銀がコントロールできるのですが、長期金利はある程度市場の動きに委ねられていて、これが金利上昇リスクにつながっているためです。

このように、短期金利よりも長期金利のほうが変動しやすいので、長プラ連動の変動金利で住宅ローンを組んでしまうと、将来的には返済額が増えるリスクがあります。

このリスクを避けるには、住宅ローンの契約をする前に、長プラ連動型でないことをしっかり確認しておきましょう。審査申し込み前に商品ページを確認し、ローン契約時にも住宅ローンの契約内容を確認する。疑問点があれば金融機関の人に直接聞いてみましょう。

そして、もし長プラ連動の変動金利を借りてしまった場合は、早めに長プラ連動ではない住宅ローンに借り換えるのがベストです。傷口が広がる前に、安心感の高い住宅ローンに借り換えることを検討しましょう。

それでも固定金利を選ぶべき人は？

私があまりにも変動金利を強くプッシュしてきたので、もしかすると固定金利派の方は少し嫌な気分になっているかもしれません……。

そこであえて発想を変えてみて、「固定金利を選んだほうがいい人はどんな人？」という切り口でお話をしたいと思います。

実際、「固定金利を選ぶべき」という人がいないわけではありません。

それはどのような人かというと、一つ目は、私と違う未来予測を描いている人です。

これまで示したシミュレーションは、私が持っている情報に基づいてロジカルに検証した結果です。日銀の動向や人口予測、景気サイクルの存在、住宅ローンの金利負担は返済初期ほど重たいという特徴を踏まえ、「変動金利が有利」と考えている次第です。

でも、「いや、間もなく日本の景気はよくなって、バブルが再来する」「賃金の上昇が続いて、日銀は政策金利をガンガン上げるから、変動金利は4％ぐらいになるはず」と思われるのであれば、固定金利を選ぶべきでしょう。「はじめに」でお伝えした通り、どのような判断であれ、私は尊重したいと思っています。

二つ目は、金利上昇リスクを背負えない人です。まず該当するのが、自営業者や法人役員の方ですね。公務員や会社員と違って、収入が大きく変動するリスクがありますから、金利リスクを背負わないというのは一つの考え方です。また、自営業や法人役員でなくても、家計支出（たとえば、教育費や娯楽費）が一般的な水準よりも大きく、諸事情があって減らせない人も同様です。

返済余力ギリギリまで借りたい人も対象となりうるでしょう。たとえば「年収倍率10倍まで目一杯借りたい！」という人も、万が一私の見通しが外れて金利が上昇すると、返済に窮する恐れがあります。固定金利にしておくのが無難です。

三つ目として、「将来のことは一切考えたくない」「何であれ変化はこわい」という人も、固定金利でいいのかもしれません。固定金利には、変動金利にはない「絶対に金利が変わらない」という安心感があります。完済まで毎月返済額が一定となるので、それだけで心理的に落ち着くという人もいるでしょうから、その場合は固定金利を選んでもいいと思います。

しかしながら、固定金利を選ぶ際はトレードオフも意識したほうがいいでしょう。とくに三つ目の固定金利派の方に向けた話になりますが、固定金利は変動金利と比べて1・5%程度高いため、変動金利が上昇しなければ、35年間の金利総額で1000万円近く金利を多く支払う可能性もあります。「それだけの金利を支払ってでも、回避したいリスクか？　家計は本当に対応できないのか？」を考えたうえで判断されるのがいいと思います。

最終的に選択するのはご本人です。ぜひこの本をうまく使って、一番納得できる選択をしてくださいね。

3年／5年／10年固定の落とし穴

固定金利と変動金利、あなたはどちらを選ぶか決めましたか？

金利が低い変動金利がいいけれど、固定金利の安心感もほしい……。そんな風に感じる人もきっといらっしゃるでしょう。

この迷いは仕方がない面がありますが、そういう方が選択する「10年固定」を取り上げてみたいと思います。この商品、果たしてどうなのでしょうか？

結論としては、私自身はこうした短期間の金利を固定するタイプの住宅ローンをおすすめしません。このことは、他の金利タイプの商品と比較すると明らかです。

住宅ローンの借り方には「変動」「全期間固定」、そして一定期間が固定金利になる「固定特約」の三つがあると申し上げました。住宅金融支援機構が実施した2023年10月の調査によれば、固定特約を利用している人は20％弱いて、モゲチェックのご利用者を見てみると当初10年間を固定する「10年固定」はとくに人気が高いようです。

しかし、この10年固定には知らないと損する「落とし穴」があります。そのことを理解するために、実際にある大手銀行が提供している10年固定の金利を分析したいと思います。

まず金利を見てみると当初10年間の固定金利は0・97％です。これを見ると、「10年固定、全期間固定よりも低金利でお得じゃん！」と思うかもしれませんが、固定期間が終わったあと、つまり「11年目以降」がどうなるのかをきちんと確認しなくてはいけません。

10年固定は、最初10年間の金利は固定されていますが、11年目以降に変動金利か固定金利かを選び直す仕組みになっています。そしてこの11年目以降の金利こそが、10年固定の商品を理解するうえでのポイントなのです。

図 68：10 年固定の金利推移

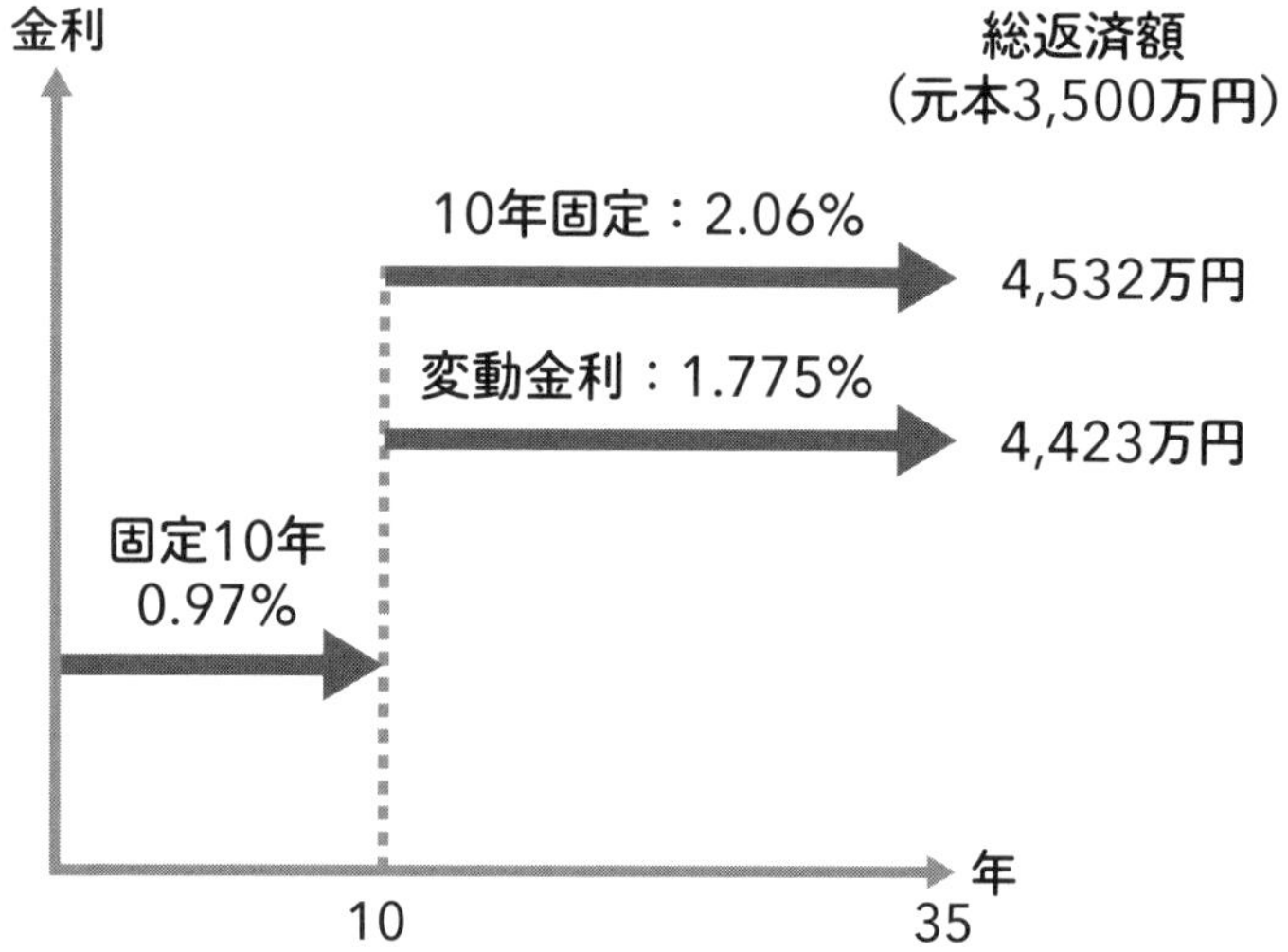

出所：筆者作成

この銀行の10年固定の場合、最初の10年は0・97%で、11年目以降の引き下げ幅は1・0%になっています。ですので11年目以降の変動金利は、基準金利2・775%から引き下げ幅1・0%を引いた1・775%となります（図68）。変動金利で2%近い金利水準は非常に高いですね……。一方、10年固定を再び選択すると、10年固定の基準金利3・06%から引き下げ幅1・0%を引いた2・06%となります。

続いて、同じ銀行の住宅ローンで、「変動金利・全期間固定金利・10年固定」の各金利タイプで金利と総返済額がどう違うのかも比較していきたいと思います。比較の条件は、「借入元本：3500万円」「返済期間：35年」で、金利の変動はないものと仮定しています。

- 変動金利（0・320％）：3700万円
- 全期間固定（1・65％）：4610万円
- 10年固定（11年目以降は10年固定を選択）：4532万円
- 10年固定（11年目以降は変動金利を選択）：4423万円

このように比べると、10年固定は最初の10年間の金利は0・97％と低いですが、11年目以降の金利が非常に高くなるので、結局のところ総返済額は全期間固定とあまり変わらないです。期待していたものとはちょっと違いますよね……？

加えて、日銀は利上げを急がないと宣言しているわけですから、そもそも返済初期の期間を固定金利にする必要性は乏しいでしょう。将来的な金利上昇リスクが怖いのなら、全期間固定もしくは20年固定などの固定期間が長い固定特約商品を選んだほうがまだ合理的です。

10年固定を解説してきましたが、3年固定や5年固定の商品にも上記のことは当てはまります。まずは固定期間終了後の引き下げ幅を一度チェックしてみてください。

なお、「3年／5年／10年固定の商品を借りちゃったよ……」という方へのアドバイスもお伝えします。まず、固定期間終了時に他行へ乗り換える（借り換える）ことを検討しましょう。もっとお得な商品があるはずです。次に、固定期間が終了して変動金利に切り替わった方は、今すぐ他行への借り換えを検討してください。なぜなら、高金利の変動金利を支払っている可能性が高いからです。

先日も、モゲチェックのお客様で、10年固定を借りて11年目から変動金利に切り替わった方からローン見直しのご相談があったのですが、なんと1・5％の変動金利を支払っていました。どうせ変動金利を借りるなら、0・3％や0・4％台のお得な商品に借り換えましょう。もったいないです！

必読！ 変動金利ユーザーの心構えと対策

この章では、変動金利と固定金利をさまざまな切り口で比較しました。一つひとつの理屈を知ると、きっと「住宅ローンは変動金利が有利」と思っていただけたと思います。

そんなときに水を差すようで申し訳ありませんが、変動金利を選択したとしても「借りた後は何もしなくて大丈夫！」という思考停止にならないようにしてください。

金融の世界では、「リスクとリターンは表裏一体」です。預金のようにリスクもリターンもほぼない選択肢もあれば、株式のように高いリターンが期待できる一方でリスクを負う選択肢もあります。住宅ローンも同様で、変動金利を選択するのはメリットが大きいのは間違いありませんが、リスクがあることも事実なのです。

では、変動金利のリスクとは何なのでしょうか？　それは、「金利が上昇することで、ローンを返済できなくなる」ということです。

本書で繰り返しお伝えしている通り、金利が上昇するリスクはゼロではないですが、日銀植田総裁の発言および緩やかなインフレ見通しを踏まえると大幅な上昇はないと考えられます。ですので、むしろリスクを心配しすぎて固定金利を選択するほうが私は不合理だと考えていますが、それでも**変動金利にまったく心配がないと決めつけるのは危険であり、都合のいい解釈です。**

そこでぜひ意識してもらいたいのは、「変動金利のリスクをコントロールしながら、リターンを得る」ということです。そのために何ができるかをお伝えしておきます。

まずは、シンプルに考えましょう。「お金の出を減らし、入りを増やす」ということが変動金利のリスクを抑える基本です。

「出」を減らすうえで大切なのは、ローンを借り過ぎないことです。第3章で書いたとおり、借入シミュレーションをして無理のない金額に抑えるようにしておけば、リスクは抑えられます。さらには変動金利のなかでもできるだけ低金利の商品を比較して選び、金利の支払いを抑えることも大切です。こうすることで、予期せぬ金利上昇（目安2％の上昇）があったとしても耐えられる家計を作っておきましょう。

次に、「入り」を増やすことも考えておきましょう。そのためには、転職や共働きで年収を増やすことが効果的です。お伝えしたように金利が上昇する局面＝賃金の上昇のはずですから、共働きであればその恩恵をダブルで得ることができます。また、業種や会社によって賃上げにはばらつきがあると思いますので、景気回復とともに賃上げがなされる仕事に就くこともリスクヘッジになるでしょう。

資産運用も忘れてはいけません。万が一大きな金利上昇があったとしても、それまでの時間的な猶予があれば、資産運用で備えをつくることができます。金利が低いうちに早めに資産運用をはじめれば、少しずつの積み立てでも、やがて数百万円という結構な金額になります。新ＮＩＳＡが始まった今は最高のチャンスです！

具体的にどれくらいのお金を持っておくとリスクに対処できるかというと、「10年ごとに100万円」が目安です。これは元本3500万円の前提で金利が2%程度、2~3年上昇した場合に増える金利負担に相当します。もっとも、自営業や法人役員などの収入が不安定な方は、急な収入減少に備えるためにもより手厚くキャッシュを持っておくと安心です。

投資するだけのお金はない……という場合には、**「資産運用できていない家計はやばい」**と発想を切り替えていただき、収入アップか支出の見直しに本気で取り組みましょう。毎月この余力分を捻出することは本当に大事です。むしろ、この余力を作ることが、変動金利を借りる条件といっても決して過言ではありません。

なお、確率としては極めて低いですが、最悪のケースとして、返済がどうしても難しくなるほど金利が急上昇した場合はマイホームを手放すこともあり得るかもしれません。

そのときも、好立地物件の家を買っておけば、売却金額がローンを上回りやすく、マイホームを売却してもローンが残ってしまうリスクを減らせます。

このように備えを十分に行っておけば、金利上昇を過剰に恐れる必要はありません。金利の大きな上昇が起きる可能性が低いことはお伝えしていますが、万が一金利上昇があっても対処できるよう、日頃から取り組んでおきましょう。

それでは、いざ金利が上がり始めたときに備えて、最後に五つのアドバイスをまとめておきます。慌てて繰上返済をしたり、固定金利に借り換えたりする前に、ぜひこれを見て落ち着いてください。

1 金利上昇は永遠に続くわけではない。景気サイクルと連動し、下がることもある。

2 日本の金利は米国のような急上昇にはならない。

3 低金利で浮いたお金を運用していればリスクを軽減できる。

4 住宅ローンは借り続けるメリットが大きい（低金利、住宅ローン減税、団信）。

5 「金利が上がる＝賃金が上がる」なので、金利上昇は決して悪いことではない。

お金に関して正しい行動をするには、腰を据えることが大事です。株価に一喜一憂して売買をすると損をしやすいのと同じで、住宅ローンも拙速な行動が損につながりやすいので、不安を感じたらぜひこの本を読み直してみてくださいね！

第6章

ローン返済中なら一度は考えるべき「借り換え」とは？

借り換えで得する仕組み

この本をお読みいただいている方の中には、すでに住宅ローンを組んでいる方もいらっしゃるでしょう。

ここまでにお伝えしたことを読んで、「最近の変動金利はそんなに安いの？　以前借りたときはもっと高かった」と思っている方もいらっしゃるかもしれませんが、「借り換え」をすることで金利を削減できる可能性があります。

借り換えとは、別の銀行から新しくローンを借り入れて、その融資金で今のローンを完済することです。たとえばA銀行で住宅ローンを組んでいたけれど、金利や団信が充実したB銀行のローンに魅力を感じたなら、A銀行からB銀行への借り換えができるのです。こうすることで金利の支払額を大きく引き下げたり、保障を手厚くすることができます。

ただし、借り換えをするにはあらためて審査を受ける必要がありますし、諸費用がかかります。住宅ローンを新たに借り入れるための融資手数料、抵当権の設定費用、印紙税などがかかり、借入金額のおよそ3～4％程度のお金が必要になります。ただ、最近の銀行はこれら諸費用も借り換え先ローンに含めて融資してくれるので、新たな出費をせずに借り換えられるのが一般的です。借り換えのハードルは本当に下がりました。

以上のことから、「私は借り換えをすべき？」と思ったら、次のことを考えましょう。

「借り換えの諸費用を引いた後、お得になるか？」

これがイエスなら借り換えをすべきですし、ノーなら借り換えは考える必要はありません。金利を減らす行為ですから、イエスならやらない理由がないです。

では、ここからは借り換えによる金利の削減額から諸費用を差し引いたうえでの利益を「借り換えメリット」と表記して詳しく説明していきます。

まず、借り換えメリットが出やすいのは次の3パターンであることを押さえておきましょう。

1　金利差が大きい
2　残元本が多い
3　残期間が長い

この3点すべてを満たす場合、とても大きな借り換えメリットを得られる可能性があります。少なくとも数百万円単位、場合によっては1000万円を超える借り換えメリットを期待できるでしょう。なお、私が把握している過去最高額は2000万円でした！（元本8000万円、金利2・5％、残り25年の方）

これだけお得な仕組みであるにもかかわらず、高い金利の住宅ローンを借りたままで、借り換えの検討をしていない人が少なくありません。借り換えを検討している人がそれほど多くない理由は一概にはいえませんが、つい面倒に感じて後回しになってしまう人が多いのだと思います。

でも、「家計の節約」のためのアクションとして、借り換えをやらない理由はまったくありません。

節約が大事なことは誰もが理解していると思いますが、そのために電気をこまめに消したり、晩酌のビールを発泡酒に変えたりするのは、やはり苦しいですよね。このような「変動費」の節約は、毎回我慢を強いられている感じがして、続けるのが難しいものです。

でも住宅ローンは、毎月一定額がかかる「固定費」ですから、一度借り換えをすれば節約効果が何十年も続きます。スマホのキャリアを変えるとその後もずっと自動的に節約効果があるように、借り換えは精神的な負担なく大きな金額を節約できる**最強の節約術**なのです。しかも、住宅ローンはその固定費の中で最大のものです。

さてここで、「自分は最初から変動金利で組んだから大丈夫」「金利が下がってるのだから、今組んでる変動金利も自動的に下がるんでしょ？」と思っている人はいないでしょうか？

もしそう思って借り換えの検討をしていないのであれば、非常にもったいないです。

過去20年近く、一貫して変動金利は下がり続けてきましたが、それは新たに借り入れる人向けの金利が下がっているだけであり、**２００９年以降に借りた人の金利は今に至るまで下がっていません。**第４章でお伝えした通り、変動金利を借りた後、ご自身の適用金利が下がるかどうかは基準金利次第で、ほとんどの銀行で基準金利は２００９年以降下がっていないからです。このため、「すでに借りている変動金利が自動的に下がる」ということにはなっていないのです。つまり、借り換えを実行しない限り、今の住宅ローンを減らすことはできないのです。

ですので、金利を減らしたいのであれば、借り換えで今よりも大きな引き下げ幅を得ることが大切です。「借り換え＝より大きな引き下げ幅を得る行為」と考えてもらってかまいません。銀行間の金利競争が激化している昨今ですから、チャンスは十分あるでしょう。団信の条件も日進月歩でよくなっていますから、お得な保障もセットでついてくるかもしれません。「変動金利から変動金利」の借り換えも検討する価値は大いにあります。どうせ金利上昇リスクがあるなら、そもそもの金利水準を下げておいたほうが絶対理にかなっていますよ！

金利0・5％以上であれば借り換えを検討しよう

「今の金利が何％であれば借り換えをすべき？」という質問をよくいただきます。

これは借入元本や残っている返済期間にもよるのですが、なんと「0・5％以上の金利で住宅ローンを組んでいる人」は借り換えメリットが出る可能性があります。

少し前に住宅ローンを組んでいた人は、「0・5％はすでに低金利なのでは」と思われるでしょうが、昨今は銀行の競争激化で変動金利なら0・3％台の商品もザラにあるので（キャンペーンをやっていると0・2％台も！）、借り換えでメリットを出しやすくなっているのです。

そのことを確認するために、次の条件で計算してみたいと思います。

- 住宅ローンの元本3000万円

- 現在の金利０・５％
- 残り35年の返済期間
- 借り換え後の金利は０・３％

この条件で計算をすると、３万円程度の借り換えメリットが出る結果となりました。

私は、借り換えの手間も踏まえ、50万円以上の借り換えメリットが見込める場合に借り換えをおすすめしますが、50万円未満の借り換えメリットであっても「団信狙い」の借り換えなら全然ありだと思います。最近は住宅ローンに付帯する疾病団信（がん保障や３大疾病保障など）が非常に充実しているので、借り換えでより魅力的な団信に切り替えられるなら嬉しいですよね。

ちなみにすでに疾病団信をつけている方は、借り換えのシミュレーションを行うときには注意が必要です。

たとえば住宅ローンに疾病団信（例：上乗せ金利０・１〜０・２％）をつけて０・５％の金利支払いになっているのであれば、団信を除いた実際の金利は０・３〜０・４％です。この場合は借り換えメリットがないので、現在のローンが最適だと思っていただいてかまいません。ぜひ一度、現在の契約内容を確認してみてください。

借り換えで200万円お得になることも

2022年2月にモゲチェックの住宅ローン診断サービスを利用した借り換えユーザー364名を分析したところ、約半数（44％）ものユーザーが100万円以上お得になるという結果が出ました。**とくに2010年代に住宅ローンを組んだ人は借り換えメリットが出やすい**傾向にあり、200万円を超える借り換えメリットもしばしばあります。

この借り換えメリットを計算するときの要素になるのが、前にお伝えした3要素「金利差」「残元本」「残期間」です。これら三つの数値が大きいほど借り換えメリットが大きくなるので、逆にいえば金利差がほぼゼロだったり、完済まであと数年だったりする場合は借り換えメリットはゼロとなるでしょう。

そのことを感覚的に理解していただくため、ここからは、金利が「0・6％」「0・8％」「1・0％」で借りていたとして、それぞれ「0・4％」に借り換えた場合のシミュレーションを行います。図には細かい数字（借り換えメリットの金額）を入れていますが、色（白：メリットなし、薄いグレー：0～50万円、濃いグレー：50万円～）で判別していただければだいたいの感覚はつかめると思います。

まず、金利0・6％から0・4％への借り換えの場合、残期間が31年未満であればメリ

図69：0.6%→0.4%への借り換え時の借り換えメリット

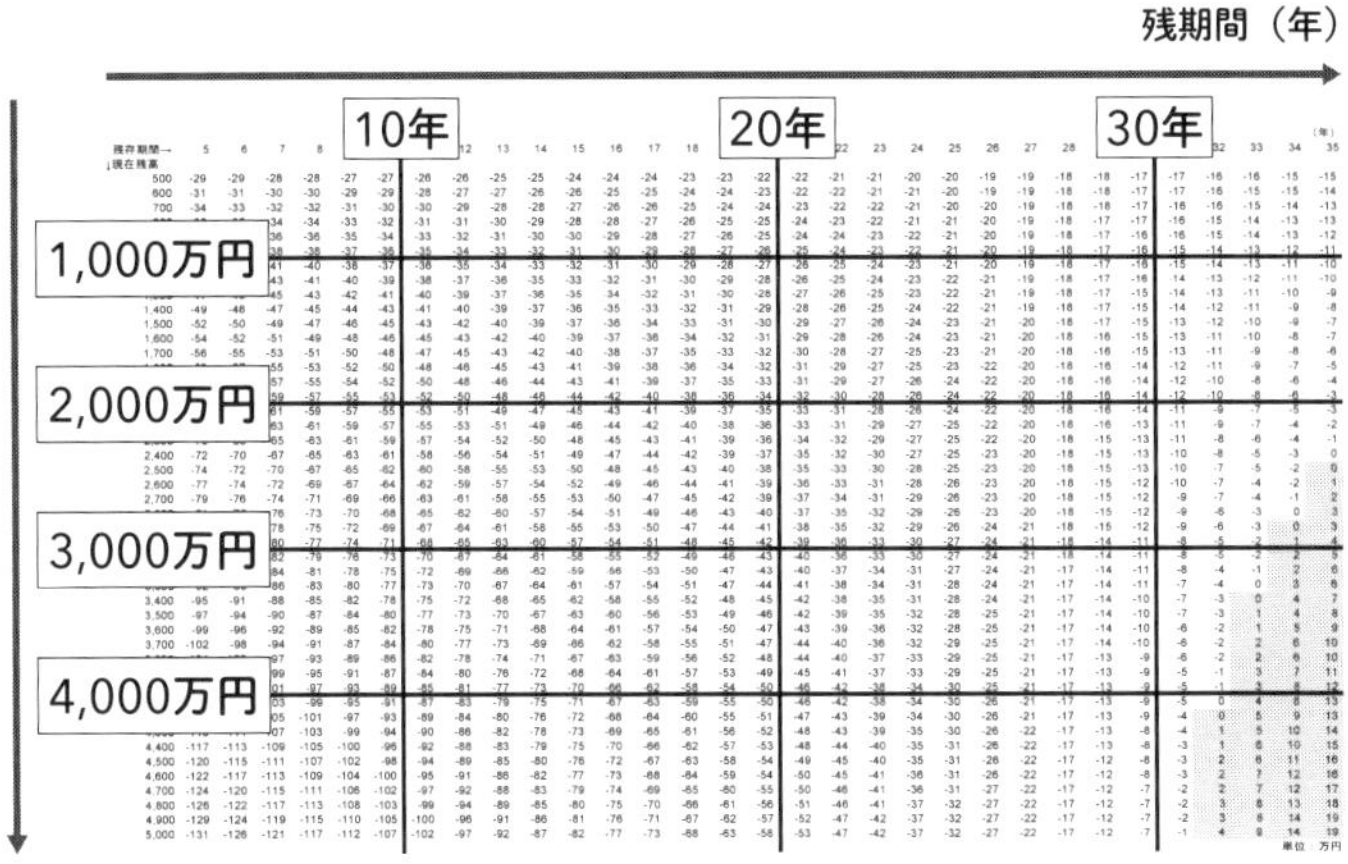

残元本（万円）

白：メリットなし、薄いグレー：0～50万円、濃いグレー：50万円～

出所：筆者作成

ットなしという結果になりました（図69）。残期間と残元本がいずれも多い場合は借り換えメリットがあるものの、そのメリットも50万円未満と見込まれますので、基本的には団信目的の借り換えになるでしょう。

次に、金利0・8％から0・4％への借り換えの場合、かなり借り換えメリットを出しやすくなります。たとえば残債が3000万円で残期間が25年の場合でも、50万円以上の借り換えメリットを期待できます。この水準であれば、シンプルに金利差の効果を狙った借り換えを検討すべきです（図70）。

そして最後に、金利1・0％からの借り換えをシミュレーションします。

図70：0.8%→0.4%への借り換え時の借り換えメリット

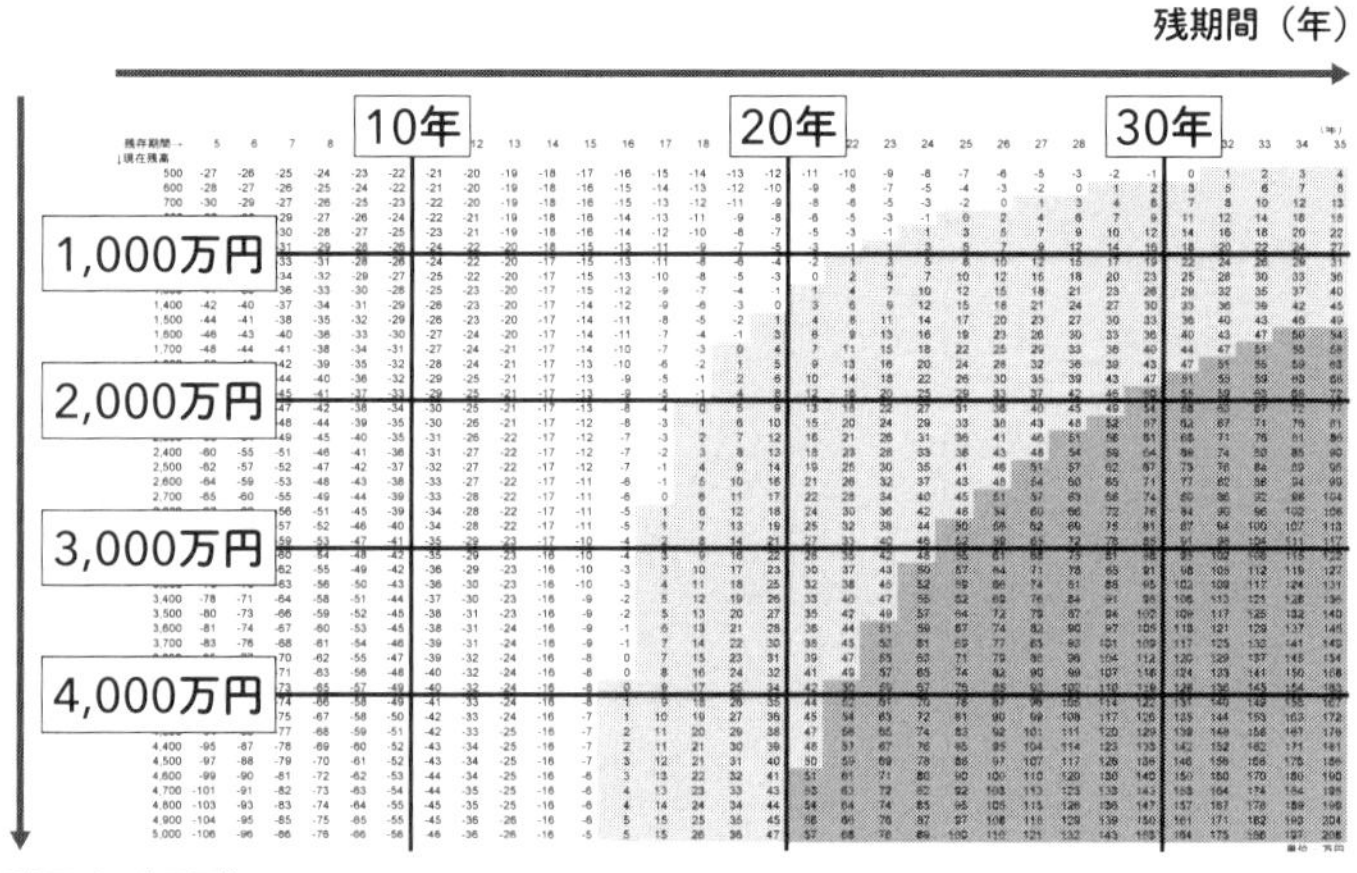

白：メリットなし、薄いグレー：0〜50万円、濃いグレー：50万円〜

出所：筆者作成

図を見てわかるように、残期間が20年以上で残元本が1000万円以上あれば、ほぼ50万円以上の借り換えメリットを期待できます（図71）。

このシミュレーションを見ると、「借り換えるなら、なるべく早くやったほうがお得」ということをご理解いただけると思います。返済が進むと元本が減り、残り期間がどんどん短くなっていきますからね。なお、今回は借り換え先の金利は0・4％でシミュレーションしていますが、ネット銀行では0・2％台への借り換えも可能です（2024年3月時点）。となると、もっと大きな借り換えメリットが得られるでしょう。

図 71：1.0%→0.4%への借り換え時の借り換えメリット

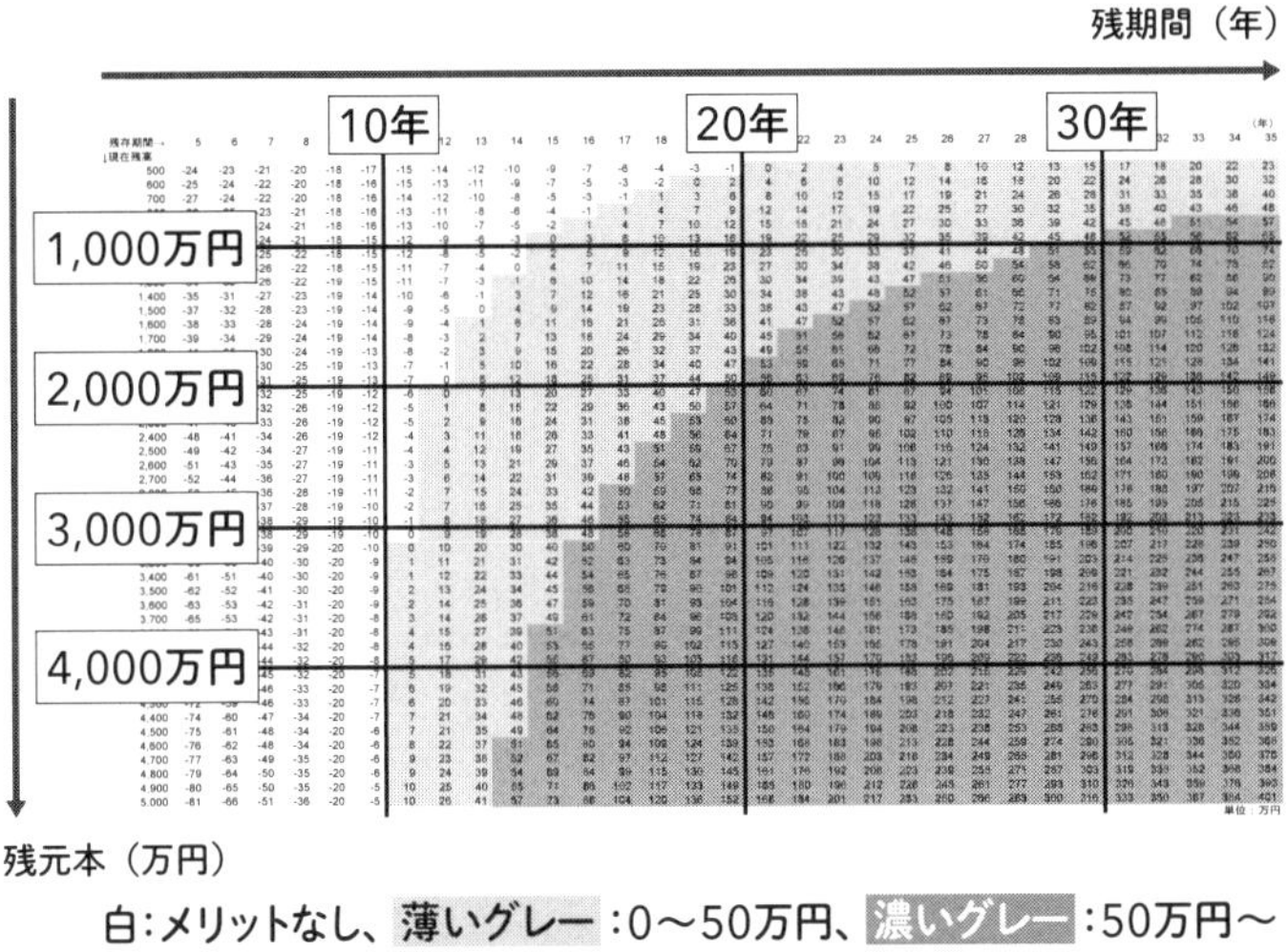

出所：筆者作成

また、「金利を減らすなら繰上返済でもよくないか？」と思われる方もいるかもしれませんが、第2章でお伝えした通り、繰上返済すること自体は住宅ローンを借り続けるメリットを手放すことになるのでおすすめしません。

それに、繰上返済をしてしまうと残債が減り、あとで借り換えをしたくなってもメリットを出しづらくなります。

しかも、繰上返済をした後に好条件の住宅ローンが出てきたら後悔しませんか？

借り換えはいつやるの？　今でしょ！

先延ばしにすればするほど借り換えメリット額は目減りすることをお伝えしましたが、他にも借り換えを早めに検討すべき理由があります。それは、今後の経済情勢次第では、今ほど大きな引き下げ幅を借り換えで得られなくなってしまう可能性があるからです。

すでにお伝えしてきたように、当面は低金利が続くと見込んでいますが、賃金上昇などを理由に段階的に金利を引き上げる可能性もゼロではないです。そうすると、借り換え先ローンの引き下げ幅が今よりも縮小され、借り換えメリットが小さくなってしまいます。

その意味では、**「金利が上昇するかもしれないから様子見する」というよくある考えは間違い**です。繰り返しですが、引き下げ幅は完済まで保持されるわけですから、過去最大級に大きい引き下げ幅が得られる今こそ借り換えしておくべきなのです。とくに、高い金利で住宅ローンを組んでしまっている人は、「借り換えはやったほうがいい」というレベルの話ではなく、「今すぐやらないといけない必須対策」と考えてください。

さらに、住宅ローンは何歳でも借りられるものではないので、ご自身の年齢も考えておく必要があります。借り換えは遅くとも50歳までに検討しましょう。

50歳がボーダーラインになる理由はシンプルで、50歳を超えると借り換え時にがんなどを保障するオプション団信に加入できなくなるからです。銀行によってはオプション団信を無料（上乗せ金利なし）で提供しているところもありますから、若いうちにもらえるものをもらっておきましょう！

たとえば、がん保障が充実しているａｕじぶん銀行の場合、オプション団信で「がん含む5疾病50％保障」（がんと診断されたり、その他所定の状況になったりすると住宅ローン残高が半分になる）をつけることができます。

この「5疾病50％保障」は上乗せ金利なしというとても太っ腹なものなのですが、一つ条件があって、満50歳までになければ入れません。そう、51歳を超えると無料のオマケがつかないのです！

これが、「**借り換えは50歳までに検討する**」理由です。ａｕじぶん銀行のほかにもオプション団信の年齢制限の基準が50歳未満の銀行は多いので、50歳間近の方は要注意です。

さらに、年齢が上がっていくと健康問題を抱える確率が高まりますし、スマホ代金の分割払い延滞など個人信用情報に傷がつくようなトラブルに見舞われたり、リストラにあって収入が減ったりすると、借り換えの審査で不利になることが考えられます。

これらのリスクを考慮すると、やはり借り換えを検討するなら早めに、遅くとも50歳になるまでにはやっておくようにしましょう。

なお、50歳以上の方は借り換えする意味がないのかというとそうではなく、団信のグレードアップは見込めないものの金利削減のチャンスは十分あります。ただし健康リスクが高まりますので、やはり早めに検討されることをおすすめします。

では、借り換えしたくなったら、何から始めるのがいいのでしょうか？　まず、ご自身の住宅ローン返済予定表を確認してください。金利と残債と残り期間がわかります。そして、住宅ローン情報をネット検索し、どんな銀行に借り換えるとどれぐらいお得になるかチェックして、まずは銀行の事前審査に申し込んでみましょう。なお、借り換えでも住宅ローン比較診断サービス「モゲチェック」はお使いいただけますので、気になる方は第8章をご覧ください。

変動から固定へ借り換えてもいい？

以上、金利が下がる借り換えについてお伝えしました。一方、「変動金利から固定金利」への借り換えも可能ですが、金利が上がるので月々の返済額は高くなってしまいます。

それでも固定金利への借り換えを考える人は、おそらく将来の金利上昇が不安なのでしょう。

「どうしても固定金利がよい」と思う方に向けて、固定金利に借り換えるおすすめのタイミングと商品を説明しておきましょう。

固定金利は近年少しずつ上昇しているのですが、これは米国の利上げが影響しています。米国は２０２２年から段階的な利上げを行い、政策金利をそれまでの０・２５％から短期間で５％以上にまで引き上げてきました。そして、米国が利上げを行うと日本の長期金利も上昇する傾向にあり、結果的に住宅ローンの固定金利が高くなっているのです。

しかし、お伝えしたように景気にはサイクルがあります。経済が強い米国においても、ずっと利上げが続くことはなく、いずれ利下げに転換します。そうすれば、日本の住宅ローンの固定金利も下がると考えられ、固定金利に借り換えやすくなります。なお、当然のことながら、変動と固定の金利差が縮むと、金利上昇リスクがない固定金利を選ぶメリットが出ます。目安として**「金利差が１・０％以下」**に縮んだ場合は固定金利を検討するのもアリだと思います（もしそうなったら、私のYouTubeやXでお知らせします！）。

私は繰り返し「借り換えをするなら早めに」とお伝えしてきましたが、これは今が最安値といえる変動金利への借り換えを想定してのものです。でも、固定金利への借り換えをするのであれば話は変わってきます。この場合、年齢や健康状態などに問題がなければ、ある程度固定金利が下がるまで借り換えのタイミングを待ってもいいかもしれません。

過去の景気サイクルを見ると、5～10年ごとに米国の政策金利が低くなるタイミングがやってきます。ですので中長期的な話として、米国が利下げするつど、固定化を検討するのも一計です。

ただし、2024年内に限った話をすると、日銀が追加利上げをすれば、長期金利は上昇するでしょう。ですので、米国の利下げと日銀の利上げ、どちらが先かを見ながら、最適なタイミングで固定化するのがおすすめです。たとえば、日銀の利上げが先だと予想するのであれば、固定化は今か米国利下げ後のどちらかがよいでしょう。

続いて、おすすめ商品です。実は、全期間固定商品を選ばなくても金利上昇リスクは抑えられます。具体的には、残りの返済期間の6割程度を固定化できればリスクはかなり軽減できます。住宅ローンは返済初期が金利負担が重く、後期になるにつれ軽くなります。たとえば、残り30年の返済の場合、20年固定の固定特約商品を選ぶ戦略も効果的なのです。万が一、固定期間終了後に金利が大幅上昇しても、そのときは元本は多くは残っていないため、繰上返済して支払いを終えることもできます。20年固定の商品は全期間固定商品よりも金利が低いので、ぜひ金利水準を確認してみてください。

住宅ローンの延滞と予防策としての借り換え

住宅ローンの借り換えは、「住宅ローンの延滞」という絶対に避けたい事態を防ぐ対策にもなります。

時々、「住宅ローンが返せなくなり、マイホームを失った」というネット記事が話題になりますよね。近年ではコロナ禍で収入が激減した人の中に、そのような事態に陥った方もいらっしゃるようでした。住宅ローンを借りている方や借りようと思っている方は、こういったニュースを見ると不安になると思います。

では、住宅ローンの延滞がどれくらいかご存じでしょうか？　すでにお伝えしている通り、それほど高くはなく、延滞率は０・１％程度といわれています。この割合を見れば、あまり心配する必要がないことがわかります。

とはいえ、万が一延滞すると、さまざまな問題に直面しますので、具体的にどうなるのかを知っておくことには意味があります。

まず、住宅ローンを延滞した場合、銀行から取り立てが行われますが、初期と後期で対応が異なります。

たとえば３０００万円の住宅ローンを借り入れ、金利０・５％で毎月７・８万円を返済中の方が延滞したとしましょう。この場合、延滞初期（おおむね6か月以内、金融機関によって異なります）であれば、延滞した分（7・8万円×延滞月数）を支払うなら物件を失うまでの事態にはなりません。

ですが、もしも延滞が6か月を過ぎると延滞後期に突入し、物件を売却して残債を一括返済するように求められてしまいます。第1章でお伝えした期限の利益を喪失してしまうのです。この段階にくるともはや分割返済は認められず、一括で払えなければ自宅が競売にかけられてしまいます。競売が行われるときは住所などの情報が一般公開され、プライバシーが暴かれてしまうリスクがあるので絶対に避けたいところです。

また、延滞すると金利の優遇（引き下げ幅）がなくなるおそれもあります。もしも基準金利2・475％で引き下げ幅1・975％、適用金利0・5％で借りていたなら、延滞後は適用金利が2・475％に上がってしまうこともあり得るのです。

すると毎月返済額は約10・7万円（約2・9万円増）になりますし、延滞した事実が個人信用情報機関（個人信用情報を管理する団体）に5年間登録されてしまい、その間はクレジットカードを作ったり、新たな借入れをしたりすることは非常に難しくなります。

リスクは他にもあります。住宅ローンを延滞すると「遅延損害金」が発生し、多くの場合は返済が遅れた金額の14・6％の支払いを求められます。たとえば30万円を3か月延滞すると、それだけで約1万円の追加支払いが必要です。

住宅ローンの延滞から物件の売却に至ると、もはやお金の問題だけでは済みません。引っ越しでお子さんの学区が変わり転校を余儀なくされたり、思い出が詰まった家を失うという精神的なつらさを抱えることになります。

個人的な話ですが、私は大学生の頃に両親が離婚し、住んでいた家を出ないといけなくなった経験があります。そのときは、「もうこの家に戻れない……」と思い、涙が出るくらいの精神的な辛さがありました。

このような事態に陥らないためには、まず延滞が起きる原因を理解することが大切です。住宅ローンの延滞に至るケースは、大きく3パターンあります。

一つ目は、「ボーナス払い」に頼った返済をしていることで、これが一番多いです。ボーナスを返済の当てにしていると、コロナ禍のような突発的な事態でボーナスが大きく減った場合に住宅ローンを返せなくなってしまいます。

よくあるケースの二つ目が「離婚」です。離婚して別居になり、前夫が養育費と妻子が住む家の住宅ローンの両方を負担する場合があります。ですが、養育費と住宅ローンのダブル返済は厳しいものがあり、さらには自分自身が住む場所の家賃負担ものしかかってきます。離婚で生活がすさんで仕事に力が入らないなどの理由で前夫の収入が減ってしまうおそれもあり、こうした状況が積み重なって延滞に至るケースもあります。

そして三つ目は「病気」。これは不可抗力ですが、真面目に働いていたにもかかわらず、ある日突然うつ病などの精神疾患を発症したり、がんなどの重大疾患になったりして働けなくなる場合もあります。収入が減ってどうすることもできず、マイホームを手放すことになる方も時々いらっしゃいます。

このような延滞の対策は種々ありますが、借り換えも有効な一手です。返済が苦しくなる前に、あらかじめ金利を下げておくことで延滞を未然に防ぐことができるからです。

今組んでいる住宅ローンの金利が高めであれば、金利が低い銀行に借り換えることで、月々の返済額を減らしましょう。一部の銀行では借り換え時に返済期間を延長できることもありますので、金利が下がり、かつ期間延長することで毎月の返済額をグッと下げることができます。

そうすればボーナス払いをせずとも無理なく返せるようになりますし、万が一離婚をした場合も、後々の負担を抑えることができます。

借り換えのときには金利だけでなく団信の条件も比較して、より手厚い保障を受けることも重要です。がんなどの疾病になっても団信保障のおかげで家を持ち続けられることは、何よりの安心材料になると思います。

なお、実際に返済が苦しくなってきたら早めに銀行や弁護士に相談してください。

銀行によっては一時的に元本の返済を中断し、金利だけを支払うことを認めてくれる場合もあります。弁護士のサポートを受ければ、裁判所を交えて返済契約を再締結する民事再生や、裁判所は通さずに金融機関との話し合いの場を持ち返済プランを練り直す任意整理といった方法で、物件の売却や自己破産を避けることができる可能性があります。これにより、物件を手放すことなく、人生をやり直せるかもしれません。この段階になると借り換えは難しいですが、取りうる選択肢はいくつかあります。

なお、選択肢を保つためにも、ここでお伝えした対策はすべて「延滞する前」にやっておくことが何より大切です。ひとたび延滞をしてしまうと、借り換えの審査をクリアできず、銀行や弁護士ができるサポートにも限界が出てくる可能性があります。

住宅ローンは長く付き合っていくものであり、返済期間中に何があるかはわかりません。まずは借り換えで金利を下げ、「返済が難しくなるかも」と少しでも頭をよぎったら、相談などの次の行動を取るべきだと思います。

第7章

これだけは知っておきたい！住宅ローンのよくある疑問を解決

ローン審査は入学試験。必ず事前に受験勉強を！

これまで金利や団信などの重要なポイントを説明してきましたが、いざ借りようとすると他にも迷うことが出てくるはずです。たとえば住宅ローン審査の仕組みや、保証料と融資手数料の違い、夫婦でローンを組むときの注意点など……。

そんな疑問点をこの章では取り上げて、一つひとつ解決していきます。

Ｑ＆Ａ形式になっているので、ぜひ気になるところを読んでみてくださいね！

Ｑ　住宅ローンの審査に通るか不安です。何をチェックされるのでしょうか？

Ａ　主に「返済能力」をチェックされます。

住宅ローンには借入れ前に審査があり、その結果によっては貸してもらえない場合もあります。希望する金融機関の住宅ローン審査に通るかどうか、不安に思う方も多いのではないでしょうか。

住宅ローン審査の仕組みは「入学試験」とそっくりです。入学試験には合格ラインがあ

図72：物件購入の流れ

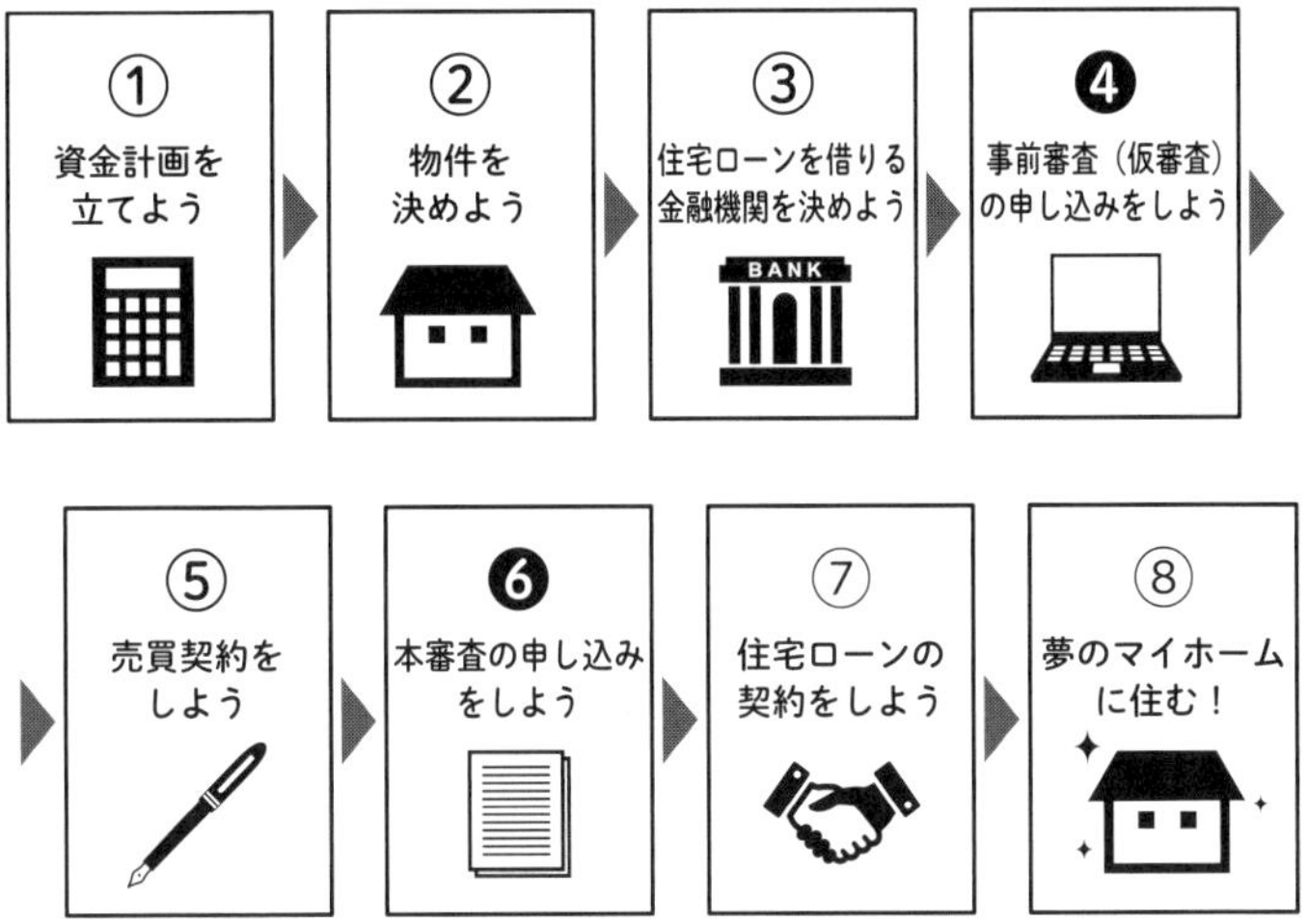

出所：モゲチェック

り、それをクリアすれば合格となりますよね。住宅ローン審査も考え方は一緒です。試験の前に受験勉強をするのと同様に、住宅ローンの審査の前には準備をしておくことが大事です。

「審査で何を見られるの？」ということを簡単にお答えすると、「返済能力」です。

住宅ローンは数千万円という高額の借入れで、かつ長期間の返済になりますので、借り手に返済能力があるかを銀行は見極める必要があります。

皆さんも入試の前には出題範囲に応じて受験勉強をしたと思いますが、これは住宅ローン審査への準備でもまったく一緒です。審査の全体像を理解し、家計をキレイな状態にすることで「返済能力がある」と銀行に思ってもらう必要があります。

なお、住宅ローンの審査には事前審査（仮審査ともいいます）と本審査の二つがあります。全体の流れは図72を見てください。

事前審査を行うのは、買いたい物件を決めた時点です。その後、事前審査に通ったら売主と売買契約をして本審査に進みます。そして、本審査でＯＫが出れば住宅ローンの契約ができ、ついに売主に売買代金を支払ってマイホームに住めるという流れになります。

では、事前審査と本審査で何が違うのでしょうか？　銀行によっても違いはありますが、大まかには次のように理解しておいてください！

・事前審査：自己申告を中心とする大まかな審査
・本審査：書類ベースの本格的な審査

事前審査は自己申告の部分もあり、やや大まかな審査です（銀行によっては事前審査から厳格にやるところもあります）。一方で、本審査はさまざまな書類を提出し、自己申告内容と提出書類の整合性の確認を含む、より厳格な審査が行われます。

なぜわざわざ事前審査をやっているのかというと、不動産取引では売買契約を締結する際、住宅ローンの審査承認が必要になるからです。買主（買う側）が「その家がほしい！」といったところで、物件の売主（売る側）は住宅ローン審査に通るかわからない人と売買契約を結ぼうという気にはなりませんよね。

そこで、「買う意思があるだけでなく、資金のメドも立っている」ということを買主が売主に示すために、事前審査を行うというわけです。そのため、物件の購入を申し込むために提出する買付申込書には、事前審査の承認結果を記入するようになっています。

審査でとくに問われるのは「年収」です。そして、延滞や過大な借入れがないか、個人信用情報がチェックされます。そのため、第3章で説明した返済比率や年収倍率が審査のポイントになるのです。

転職するとローン審査に不利になる恐れがある

Q　転職するつもりなのですが、住宅ローンは転職後でも大丈夫ですか？

A　転職は住宅ローンを借りた後にしましょう。

「転職直後は住宅ローンを組みにくい」という話を聞いたことはありませんか？

転職はやりたいことへの挑戦やキャリアアップ、年収アップといったポジティブな面がありますが、住宅ローンの審査ではマイナス要素になり得ます。

繰り返しになりますが、銀行が住宅ローン審査で重視するのは「年収」とその安定性です。安定性とは具体的には、「勤務先」「雇用形態」「勤続年数」の三つです。

銀行は試用期間中の人や、勤続数か月で転職を繰り返す人に貸すことをリスクととらえており、勤続年数が短い人への貸付には慎重です。このような人は将来、返済が滞る可能性があるため、多くの銀行では少なくとも勤続1年以上を基準としています。

私の体感では勤続1年未満でも貸してくれる銀行は3分の1程度ありますが、逆にいえば3分2の銀行は最初から選択肢から外さざるを得ません。そうなると好条件の銀行を選べないことも考えられるため、住宅ローンの検討は勤続年数が1年以上になってからがよいと個人的には思います。

ところで、転職は一律にマイナス要素ではなく、一部の銀行では中立に見てくれます。同業種への転職であれば、キャリアの一貫性があり、かつ順調にキャリアアップしていると評価してくれる銀行もあります。また、転職に際して、「スペシャリストとして極めたい」「ヘッドハンティングを受けてチャレンジしたい」といった前向きな理由がある場合も心証はよいでしょう。

こういった転職なら年収がアップすることが多いですし、市場価値が高いことの表れですので、転職直後でも銀行としては審査の土台にのりやすい理由になるのです。

そのため、もし転職をして勤続年数が1年未満の状態で住宅ローンを申し込むことになった場合は、年収とキャリアの両面でしっかりアピールすることが重要です。年収面であれば給与・賞与を説明できる資料を提出し、キャリア面では、社会人になってからの一貫性を示したり、キャリアアップ・ヘッドハンティングといったポジティブな転職理由を一言添えたりするだけでも、銀行の審査部門の心証が変わってきます。

なお、会社員から脱サラして自営業になる場合はここまでの説明とは異なり、いかに前向きな転身であっても住宅ローン審査のハードルは上がります。「黒字3期分」の証明が求められることが多いので、少なくとも独立して3年以内は審査クリアが難しいでしょう。このような場合は、固定金利ではありますが、1期分の証明で足りるフラット35を利用することも検討しましょう。

一番やってはいけないのは、「融資実行前に転職する」こと。なぜなら、審査申込時の申告内容から変更があった場合は再審査になるからです。勤務先が変わると、物件購入手続きに大きな支障が出る懸念があるため、融資実行前の転職はできる限り避けてください。

「転職したことがばれなきゃいいじゃん」と思う方もいるかもしれませんが、銀行はあの手この手を使って、申告内容が正しいかを確認しています。後から申告内容が違うとわかると一大事になりますので、銀行を騙すようなことは決してやってはいけません！

また、少し話が変わりますが産休・育休期間中の住宅ローン審査も注意が必要です。産休・育休期間中の審査は、その後の復帰について厳しく評価されがちで、年収を割り引いて考えられてしまう可能性が高いです。たとえば、職場と物件の距離が片道2時間などといった距離だと、銀行からは「本当に復帰するのか？」「退職してローン返済できなくなるのでは？」と疑いの目で見られてもおかしくありません。

このような場合は、銀行に対して産休・育休から復帰する見通しをきちんと説明したほうがいいでしょう。自宅から職場が遠い場合でも、リモートワークができるなら、それを伝えれば審査に通る確率を高めることができます。

申込前に絶対確認すべき無担保ローンへの対応策

Q　カードローンを利用していますが、住宅ローンの審査に影響はありますか？

A　審査をクリアしにくくなりますので、審査前にきれいにしておきましょう。

カードローンやオートローンなどの担保なしで借りられるローンを「無担保ローン」といいます。とくに、カードローンを借り入れていると、住宅ローン審査のハードルが一気に上がります（クレジットカードの一括払いは問題ありません）。

銀行は「お金に困っているから、カードローンを借りているんだよね」と判断し、住宅ローン審査が厳しくなるのです（銀行自体もカードローンの融資をしているのでこの考えに納得いかない人もいるかもしれませんが……）。

対応策は三つあり、①そもそも借りない、②審査前に完済する、③借入額や利用可能枠を少額に抑える、ことが大事です。

最初からカードローンを借りないのがベストですが、借りてしまった場合は、住宅ローン審査前に完済して利用可能枠を閉じましょう。

それでは、②と③について詳しく説明しましょう。

まず、住宅ローン審査の前にカードローンを完済しておく際は、「住宅ローンの事前審査申し込みの3か月前」までに済ませておいてください。直前の対応はいけません！

図73：住宅ローン審査の仕方

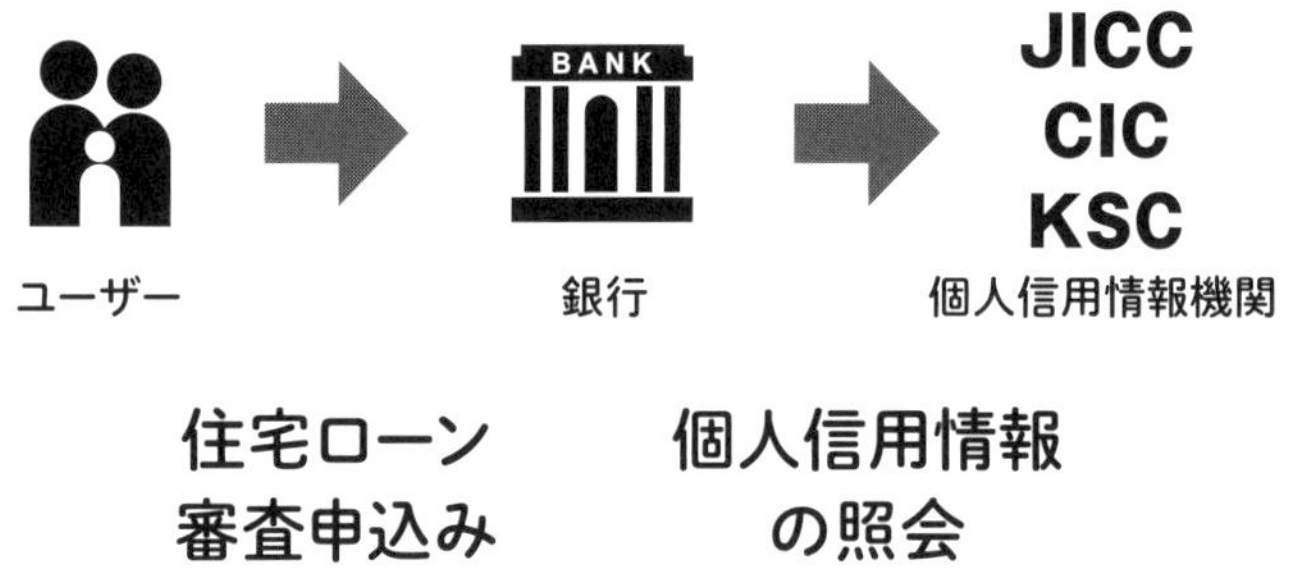

出所：モゲチェック

理由は、カードローンの返済情報は個人信用情報機関に登録されますが、完済した情報が反映されるまでに1～2か月のタイムラグがあるからです。

たとえば、住宅ローン審査直前にカードローンを完済した場合、住宅ローンの申込書には「カードローンなし」と書くでしょう。銀行は住宅ローン審査時には必ず個人信用情報を参照します（図73）。その際、「この人はカードローンを借りている」という情報が返ってきてしまうので、あなたの申告内容が疑われて、銀行の心証を悪くしてしまいます。3か月前に完済しておけば、このような事態を回避することができます。

次に、オートローンなどの無担保ローンの場合になりますが、③借入金額を減らすことは有効です。住宅ローン審査では月収における返済比率が非常に重要で、35％を超えると審査は黄色信号（審査通過が少し心配）、40％超だと赤信号（審査通過が難しい）ということはもうお伝えしましたよね。

ということは、たとえば月収35万円の方で、毎月のローン返済額が住宅ローン12万円＋無担保ローン3万円の例では、返済比率は40％を超えてしまいます。こうなると審査で否決される可能性が高くなります。でも、無担保ローンをある程度返して月々の返済額を1万円まで下げると、返済比率は40％に収まるので、審査を通過できるかもしれません。

なお、カードローンについては「利用可能枠を閉じておく」ことが有効なときがあります。カードローン未利用時は審査対象外とする銀行もありますが、未利用であっても利用可能枠の一部を返済比率に加算する銀行も数多くあります。こうなると返済比率の計算において不利になりますよね。ですので、カードローンを利用しないのなら枠は閉じるべきだと私は思います。

最後にもう一つアドバイスです。スマホの分割払いを延滞してしまうのは絶対NGです。これはうっかりやってしまいがちなので本当に注意してください。

スマホの端末代を分割払いしている方もいると思いますが、これは割賦販売という一種のローンです。そのため、1か月でも延滞すると個人信用情報機関にその事実が登録され、住宅ローンの審査承認を得るのが難しくなります……。

数千円の支払いを1回でもミスしてしまうだけで住宅ローンを組めなくなってしまうのは非常にもったいないです。シャレにならないので、本当に気をつけてくださいね！

夫婦でローンを組む場合の注意点

Q　自分だけでなく夫婦でローンを組もうと考えていますが、問題はありませんか？

A　夫婦それぞれに安定収入が見込めて、「離婚しない自信」があるならOKと私は考えています。

夫婦で組む住宅ローンの失敗でありがちなのは、「返済の前提条件」が変わってしまうことにあります。つまり、夫婦二馬力で返すつもりが、何らかの事情で一馬力の返済になってしまうことです。

まず収入の面では、配偶者が育児や介護で休職・退職すると、年収が下がるので、返済が難しくなることもあります。

また、離婚をすると、物件をどっちが持つのか、売却するのかなど、話がややこしくなってしまいます。

ちなみに、離婚したとしても、住宅ローン返済をどちらか一方に寄せることは簡単にはできません。銀行としては「あなたたちは二馬力だからお金を貸したのだから、離婚などの個人的事情があろうとも一馬力は認めません」となる訳です。ゆえに、もし1人がローン返済を延滞した場合、もう1人が（離婚しているにもかかわらず！）肩代わりしなければならないリスクがあります。

ですので、夫婦で住宅ローンを組むときにはきちんと配偶者と話し合うことが必須条件です。「夫婦でタッグを組んで35年間返済し続ける覚悟」が求められますから、腹をくくれるかがとても重要なのです。

実は、私も夫婦でペアローンを組んで家を買いました。理由は二つあり、一つは会社員と違って、ベンチャー企業の経営者である私の与信力が残念ながらそれほど高くないためです。そこで、会社員の妻の与信も活かすことにしたのです。もう一つの理由は住宅ローン減税を2人分活用したかったからです。

とはいえ夫婦でローンを組むことには先ほど説明したリスクがあるので、私たちは余裕を持って返済できる範囲にとどめており、妻には「ペアローンって、離婚したときに大変なんだよね」とリスクがあることも率直に話して、夫婦で納得して借りています。

なお、夫婦で住宅ローンを組む際は、夫と妻で半々にするのか、それとも7：3のようにどちらかに多く寄せるのか、按分比率を決める必要があります。これも夫が死亡したときに、妻が返済し続けられるか、などを考えて判断するのが重要です。そのため次のような考え方で進めるとよいでしょう。

ステップ1：高年収・長期間働く側にできるだけローンを寄せる
ステップ2：住宅ローン減税の効果を計算し、借入額の按分比率を調整する
ステップ3：メインの債務者が死亡しても家計が回るかチェックする

基本的には高年収で長期間働く側（メインで返済する債務者）にできるだけローンを寄せることから始めましょう。ただし、寄せすぎると配偶者の住宅ローン減税を満額取れないこともあるため、ステップ2ではその調整を行います。

そのうえで、ステップ3でどちらかが死亡したときでも家計が回るかを最終チェックしましょう。不安要素がある場合は、ローン借入額を調整する以外に、一般の死亡保険に入ることも一手です。

「ペアローン」「連帯債務」「連帯保証」の違い

Q　夫婦でローンを組むことにしました。「ペアローン」「連帯債務」「連帯保証」のなかから選択できるとのことですが、どんな違いがあるのでしょうか？

A　ローン審査や所有権などに違いが出てきます。

夫婦でローンを組んで家を買うときには、三つの方法があります。いずれの方法を選ぶかによって、物件の所有権やローン審査などに影響があるので、違いを理解しておくようにしましょう。

まず、「ペアローン」と「連帯債務」は債務者が2人で、夫婦両方の年収が審査に100％加味されます。そのため借入額を大きく伸ばすことができ、物件は夫婦二人の持ち物になります。

ペアローンと連帯債務の違いは「ローンの本数」にあります。ペアローンは夫婦それぞれでローンを組むのですが、連帯債務は1本のローンを2人で返すことになります。

一方、「連帯保証」は大きく異なります。連帯保証の場合、債務者は1人（ローンは1本）であり、単独所有になることが多いです。保証人（配偶者）は「サポーター」のような立ち位置になり、審査の際に配偶者の年収が銀行によって50～100％加味されます。

このように配偶者の年収も加味してもらうことで、より多くの住宅ローンを借りられるようになりますが、デメリットもあります。それは、連帯保証にすると住宅ローン減税のメリットを1人分しか得られないということです。ペアローンや連帯債務であれば夫婦2人とも税控除を受けられるのですが、連帯保証の場合は債務者1人分だけなのです。

ですので、「夫婦で税控除を取りたい」という方は、連帯保証ではなく、ペアローンまたは連帯債務で住宅ローンを組みましょう。ただし、配偶者が退職などをして年収がゼロになると配偶者の減税効果はゼロになってしまいますから、「夫婦ともに働き続けている」ことが重要です。

団信の違いにも気をつけてください。

ペアローンの場合、それぞれでローンを組んでいるので、亡くなったほうのローンは0円になりますが、生存しているほうのローンは引き続き返済することになります。

図74：2人で借り入れる際のパターン

	特徴		
	税控除	所有権	団信
ペアローン 連帯債務（配偶者にも団信保障アリ）	**2人分**	**2人**	**主債務者と配偶者で按分**
連帯債務（配偶者に団信保障ナシ）	**2人分**	**2人**	**主債務者100%**
連帯保証	**配偶者**（保証人）**はなし**	**1人**	**主債務者100%**

出所：筆者作成

連帯債務の場合は銀行によって異なり、団信で保障される金額が、夫と妻で10：0とどちらか一方に寄せられる銀行と、10：0には寄せられず夫婦で按分する銀行があります。片方が亡くなった場合は、団信でカバーされなかった部分のみ、生存した人が返していくことになります。

連帯保証では、債務者が亡くなった場合はローンが0円になりますが、保証人（配偶者）が亡くなった場合の団信保障はありません。

上記を踏まえ、夫婦2人でローンを組む場合のパターンをまとめたのが図74です。

2人分の税控除を取り、所有権も双方が持ちたい、そして主債務者が死亡した場合に配偶者にローンが残ったとしても返済していけると考えるなら「ペアローン」または「連帯債務（団信保障比率は按分）」でいいでしょう。

一方、2人分の税控除を取り、所有権も双方が持ちたいが、主債務者が死亡したときには住宅ローンを0円にしたいという場合には「連帯債務（団信比率は10：0）」を選ぶのが適切です。なお、夫婦連生団信（夫婦どちらかに万が一のことがあった場合、二人のローン全額が保障される団信）を選ぶというのもありです。ただし、そうできる銀行は限られますので、あらかじめ銀行に問い合わせてみてください。

配偶者はあくまでもサポーター的な立ち位置で、税控除なし、物件の所有権は単独、配偶者死亡時の団信保障は不要と考えるのであれば「連帯保証」を選ぶのでよいと思います。

この三つの方法のうち、「これが正解」というものはないので、メリット・デメリットを踏まえご夫婦でよく話し合い、どの方法を選ぶかを決めていただければと思います。

不動産投資と住宅購入はどっちを先にすべき？

Q　不動産投資に興味があります。自宅を買う前に不動産投資を始めてもいいですか？

A　不動産投資は自宅を買ってからにしてください！

第1章で、インフレ時代には不動産価格が高騰するとお伝えしました。最近は都心部の不動産価格が上がっていることもあり、「家を買う前に不動産投資を始めたい」と考える人もいらっしゃるかもしれません。その点は私も賛成なのですが、自宅と不動産投資どちらを先にするかを決めなくてはなりません。その判断で大事なのが、ローンの仕組みの違いです。

銀行からお金を借りて不動産投資を始める場合、住宅ローンではなく不動産投資ローンを利用することになります。たとえばワンルームマンション投資の場合、不動産投資ローンを使って2500万〜3000万円くらいのマンション一室を買って、賃貸に出すのが一般的です。

不動産投資ローンも当然ながら審査がありますが、住宅ローンの審査と違う点に注意が必要です。不動産投資ローンでも住宅ローンでも「返済比率」をとくにチェックされるのですが、その計算方法が違います。

そのことを理解するために、次の条件で、①家を買ってから不動産投資をするパターンと、②不動産投資を始めてから家を買うパターンでシミュレーションしてみましょう。

・年収700万円（月収約58万円）
・4500万円の自宅を購入
・2000万円のワンルーム投資物件（家賃収入は月9万円）を購入

まず、①家を買ってから不動産投資をするパターンです。こちらは年収700万円に対して住宅は4500万円なので、第3章で示した目安でいえば「青信号」。多額のカードローンなどを抱えていなければ問題なく購入できます。

次に、その後に2000万円のワンルーム投資物件を買えるかどうか、返済比率を見てみましょう。

不動産投資ローンの審査の際に、返済額は「住宅ローン＋不動産投資ローン」で計算されるのですが、年収には家賃収入を含んで審査してくれます。そして、金融機関によりますが、返済比率50〜60％までを審査基準としている銀行もあります。

①のケースでは、収入は、月収58万円＋家賃収入7・2万円（80％の掛け目の場合）です。各ローンの返済額は、審査金利3％で計算すると、住宅ローン17万円＋不動産投資ローン8万円です。

ここから導き出される返済比率は38％となり、上限の50～60％よりは低いため、不動産投資ローンの融資承認を得て、自宅と投資物件、両方とも手に入れられます。

続いて、②の不動産投資を始めてから家を買うパターンですが、最初に投資物件を買うところは問題ありません。年収からして2000万円のワンルーム投資物件をフルローンで買っても大丈夫です。

ところが、その後に自宅を買うときに問題が出てきます。なぜなら、住宅ローンの審査では、返済比率の計算に家賃収入を含めてもらえない銀行が多いからです。

しかも、不動産投資ローンの返済分が返済比率の計算に加味されてしまうことが多いです。さらには住宅ローン審査における返済比率の基準は不動産投資ローンより厳しめで、どんなに高く見積もっても40％（赤信号）が上限というところが多いです。

②のケースで計算すると、月々の給与収入が58万円（家賃収入は加算できない）に対して、返済額は「住宅ローン20万円＋不動産投資ローン9万円（審査金利4％前提）」であり、返済比率は50％です。そうすると返済比率が基準の40％をオーバーし、住宅ローンの審査に落ちてしまう可能性が高くなります。

このように比較すると、「投資物件を先に購入すると、家が買えない」ケースがあるということがわかりますね……。もし②のケースでどうしても自宅を購入したければ、投資物件を売却するか、審査が柔軟な他の銀行を探すしかありません。

住宅ローンの審査では、不動産投資ローンを組んでいること自体がネガティブな要素です。逆に不動産投資ローンの審査は、住宅ローンを組んでいてもネガティブには働きません。すでにマイホームを所有していることを前提としているためです。不動産投資ローンと住宅ローンでは審査の目線・前提がまったく違うのです。

家を買いたいと思ったときに、投資物件が足かせになって買えないのは非常にもったいないことです。「マイホームを購入してから不動産投資」という順番を間違えないように心がけていただければと思います！

125％ルールは忘れよう

Q「変動金利が上がったとしても毎月返済額は125％までしか増えない」という話を聞きますが、仕組みがよくわかりません。

A そのようなルールを設けている銀行はありますが、とくに気にしなくていいでしょう。

変動金利で借りていて、金利上昇によって5年経過後に返済額が増える場合、今までの返済額の1・25倍までとするルールのことを「125%ルール」といいます。

たとえば従来の月々の返済が10万円の場合、5年後にいかに金利が上昇していたとしても、その次の5年間の返済額は10万円×125%＝12・5万円が上限となります。

125%ルールのメリットは、金利が急上昇したときに返済額が一気に上がるリスクを抑えてくれることにあります。つまり、激変緩和措置です。

一方、デメリットとして一般的にいわれるのが、住宅ローンの返済期間が終わる頃に未払利息や元本の残りが発生するリスクがある点です。125%ルールは金利上昇の影響を抑制してくれますが、それは返済負担を先延ばしにしているのと同じだから、という理屈です。

では、この125%ルール、どれぐらい役立つものなのでしょうか？　次の条件でシミュレーションを行い、検証してみましょう。

- 借入元本：3500万円
- 金利：0・5%（変動金利、5年ごとに金利上昇する前提）
- 期間：35年

図75：毎月返済額が1.25倍になる金利

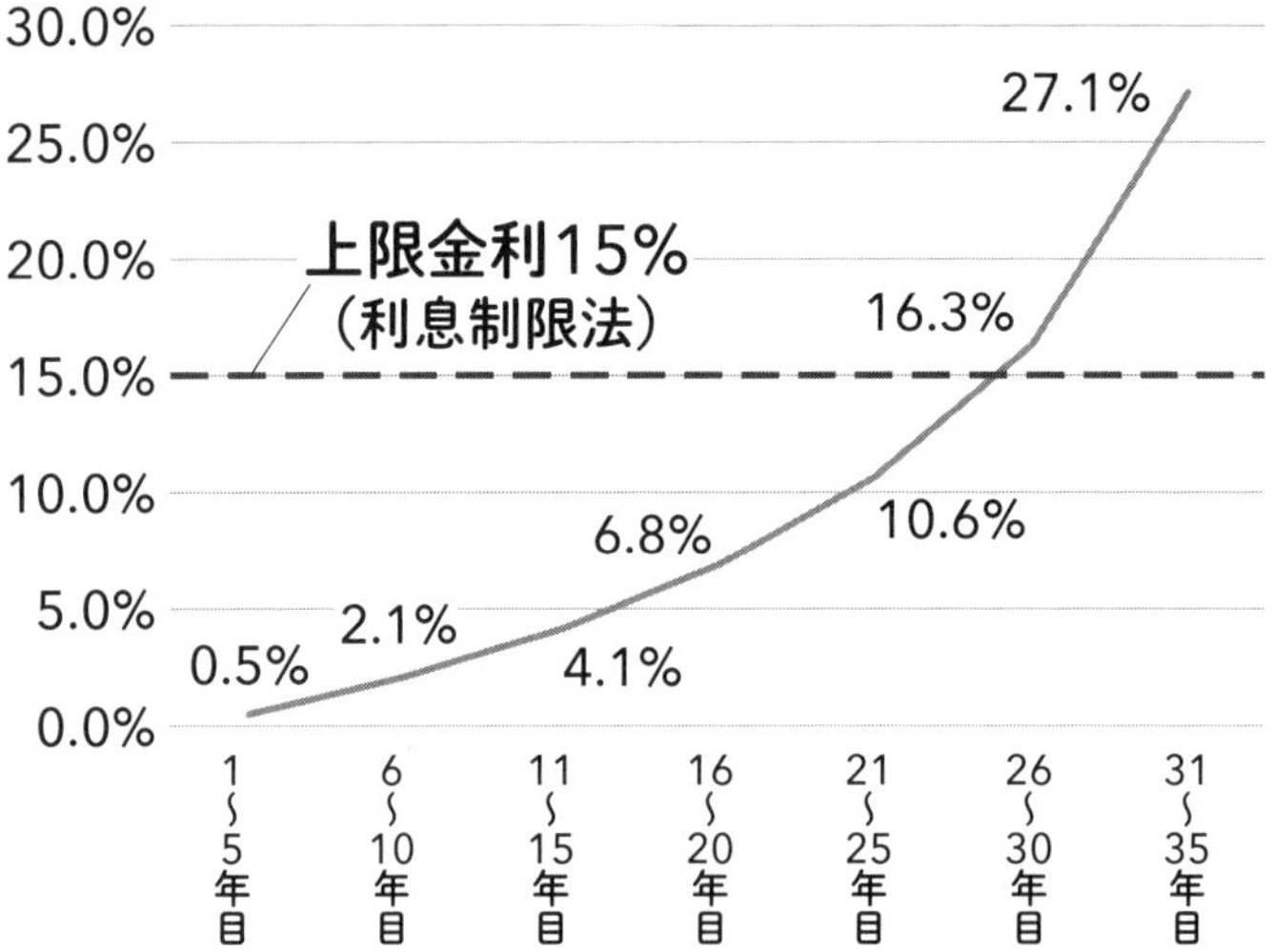

出所：筆者作成

この条件で毎月の返済額を計算すると、9万855円になります。

それでは、仮に金利上昇して6年目から毎月返済額が125%ルールの上限である1・25倍に増えたとすると、毎月返済額は11万3569円に増えます。これを金利で換算すると0・5%から2・1%以上に上昇した場合に125%ルールが発動されます。

さらに11年目から毎月返済額がさらに1・25倍に増える場合、毎月返済額は14万1961円。こうなる金利は4・1%です。同じように毎月返済額を5年ごとに1・25倍にして金利の動きを計算すると、16年目から6・8%、21年目から10・6%、26年目から

16・3％、31年目から27・1％となります（図75）。

ただし、現在の日本では「利息制限法」という法律で、元本100万円以上の場合、上限金利は15％までと定められています。ですので、住宅ローン返済中に急激な金利上昇が続いたとしても、16・3％や27・1％という金利はそもそも適用されません。

また、日本では125％ルールが返済額を抑えるストッパーになるほどの金利上昇は考えづらいでしょう。ですので、125％がストッパーとしては緩い以上、「このルールがあるから安心」という考え方はミスリードだと思います。

ゆえに、ネット銀行を中心に125％ルールを採用していない銀行が複数ありますが、「そんな銀行は危ない」という見方に違和感を感じています。125％ルールは何となくよさそうに見えますが、個人的には実効性という点であまり意味がなく、住宅ローン選びにおいてはさほど気にする必要がないと思います。

5年ルールもそこまで気にしなくていい

Q　銀行によっては「変動金利でも5年間の返済額が変わらない」という条件になっていると聞きます。そのような銀行を選んだほうが安心ですか？

A　125%ルールよりは効果がありますが、そこまで気にする必要もないでしょう。

先ほどは125%ルールについて検証しましたので、今回は「5年間の間に金利上昇があったとしても毎月返済額は変わらない」という、いわゆる「5年ルール」について解説します。

5年ルールは、「金利が上がっても、月々の返済額は5年間一定とする」というルールです。5年ルールがある銀行で住宅ローンを組んだとして、もし基準金利が上昇した場合、最初の5年間は返済額は変わらず、6年目から増えることになります。そしてまた5年間は毎月返済額が一定となります。

もし一時的に金利が上がった場合、5年ルールがある銀行なら毎月返済額は変わりませんが、5年ルールがない銀行だとそのつど毎月返済額が増加します。

5年ルールによって毎月返済額が変わらないメカニズムは、金利の増加分を元本返済額を減らすことで相殺しているからです。つまり、毎月返済額のうち利払いから優先的に返済して元本返済を遅らせることで、月々の負担が増えないように調整します。ゆえに、5年ルールがあると元本の返済が先延ばしになり、金利総額も大きくなります。

さて、この5年ルールですが、もし発動されたとしても大幅な金利上昇が想定しづらい日本においてはそこまで大きな負担軽減効果はないと考えています。

そのことを確認するために、元本3500万円、変動金利0・5％、返済期間35年の借入れで、返済3年目に金利上昇が起こったとき、どれくらい毎月返済額が増えるのかをシミュレーションしたいと思います。

この場合、金利が0・5％上昇して1・0％になると毎月7494円の増加、1・5％に上がると1万5364円の増加、2・0％に上がると2万3603円の増加です。5年ルールがあるとこの増加分は、次の5年間へ繰り越されます。

したがって5年ルールは金利急上昇に対する激変緩和措置としての効果はあるものの、5年ルールなしで仮に1〜2％の金利上昇が来たとしても、現実的には約2万円の負担増で済みます（もちろん決して安い金額ではないですが……）。金利上昇時には賃金も上がっているでしょうから、5年ルールがなければ直ちに返済に困ることにはならないのではないでしょうか。

そもそも銀行で住宅ローンの審査が行われる際は、3〜3・5％の審査金利で返済比率を計算していて、「審査金利の水準でも耐えられる人」のみが審査をクリアできるようになっています。そのため、万が一、1～2％の金利上昇が起きたとしても、多くの方が返済できないまでの事態になるとは考えづらいです。

ましてや、低金利で浮いたお金を資産運用に回していたのなら、金利上昇の影響を受けるまでに備えができているはずですから十分に対処可能でしょう。

5年125％ルールを採用している銀行は多いのですが、SBI新生銀行、ソニー銀行、PayPay銀行などのネット銀行では採用していません（2024年3月時点）。そして、これらのネット銀行は金利や団信などの面で優れた住宅ローンを提供しています。

私は、住宅ローンの選択肢は多いほうがいいと考えていますので、5年125％ルールは気にせず、金利や団信の条件を最優先に銀行を選んだほうがいいと思います。一方、「変動金利を選びたいが、金利上昇時の緩和措置は必要」とお考えなら、5年125％ルールのある銀行を選ぶのも一計です。

住宅ローン減税を受けるための条件

Q　住宅ローンを組めば、必ず住宅ローン減税を受けられますか？

A　複数の条件があり、それらを満たす必要があります。

住宅ローン減税の条件は、大きく「物件に関する条件」と「その他の条件」に分けられます。すべての条件を一気に確認すると混乱してしまうので、まずは物件に関する条件から見ていきましょう。

【物件に関する主な条件】

1　居住用物件であること
2　床面積が50平方メートル以上であること(40平方メートル以上でも認められるケースあり)
3　1982年以降に建築または現行の耐震基準に適合していること
4　省エネ基準を満たしていること（新築の場合）

※詳細条件については国税庁のウェブサイトを必ずご確認ください。(https://www.nta.go.jp/taxes/shiraberu/taxanswer/shotoku/1212.htm)

最初の条件は、「居住用物件であること」です。専門的ないい方では「主として居住の用に供する家屋」となりますが、要は生活のメインで使っている家でなければいけません。したがって、別荘の場合は不可です。

次に、「床面積が50平方メートル以上」という条件です。ここで気をつけたいのは、床面積は登記簿上の面積で判断するという点。測定のやり方によっては契約書やチラシに書かれている面積よりも登記簿の面積が小さいことがあり得るので、しっかり登記簿の面積を確認してください。なお、物件の取得者等の合計所得金額が1000万円以下で、2024年12月末までに建築確認を受けた場合に限って、床面積が40平方メートル以上50平方メートル未満でも住宅ローン減税が認められます。

三つ目の条件については、新築や比較的新しい物件であれば気にする必要はありませんが、古い家屋を購入する場合は注意しましょう。

四つ目の条件ですが、2023年入居までは省エネ基準を満たさない新築物件も控除が認められていたのですが、2024年から控除額がゼロとなる改正がありました。一方、中古物件の場合は省エネ基準を満たさない物件でも、最大2000万円の借入れまでは住宅ローン減税の対象になっています。

物件に関する主な条件は以上です。次にその他の条件を見ていきます。

【その他の主な条件】

1　住宅ローンの借入年数が10年以上あること
2　合計所得金額が2000万円以下であること
3　引き渡しまたは工事完了から6か月以内に入居すること
　※詳細条件については国税庁のウェブサイトを必ずご確認ください。

通常は10年未満で住宅ローンを組むことはないので、一つ目の条件はほぼすべての方がクリアできると思います。ただし、繰上返済して残存期間が10年未満になると対象外ですので、その点は要注意です！

二つ目の所得の条件は少し注意が必要です。住宅ローン減税は最長で13年間受けられるものですから、たとえ最初の年は条件をクリアできても、その後に昇給して所得が2000万円を超えると住宅ローン減税を受けられないおそれがあります。

そして三つ目がもっとも注意しなくてはいけません。たとえ他の条件をすべて満たしていたとしても、入居が遅れてしまうと住宅ローン減税を受けられなくなってしまいます。家を買うときは、半年以内に入居できるよう、スケジュールを立てておくと安心です。

以上が住宅ローン減税の主な条件です。これらの条件をクリアできたら、手続きも忘れずに行ってください。住宅ローン減税を受けるためには、1年目は確定申告が必須ですが、2年目からは会社の年末調整でOKです。

なお、税務に関する不明点は必ず税務署もしくは税理士さんに確認し、疑問解消するようにしましょう！

住宅ローン減税で一体いくらお得になる？

Q　年末時点で住宅ローンが3500万円残っていた場合、住宅ローン減税でどれくらいの税金が減りますか？

A　ご自身の納税額や、年末時点の借入残高、物件の種類によって変わります。

それでは、住宅ローン減税額の大まかな目安を計算してみましょう。

次の三つの計算を行って、そのうちもっとも小さい金額が減税額になります。

①　所得税・住民税の支払額

②　年末時点の借入残高×0・7％
③　借入上限額×0・7％
※詳細条件については国税庁のウェブサイトを必ずご確認下さい。

①の「所得税・住民税の支払額」ですが、支払う税金以上に控除はできないため、たとえば1年間の所得税と住民税を合わせて10万円であれば、どんなに住宅ローンの残高が多くても減税額は最大10万円までです。なお、年収が400万～500万円くらいの方は、この納税額で減税額が決まることがよく見られ、所得税はゼロに、住民税はある程度減らすことができているようです。

②の「年末時点の借入残高×0・7％」ですが、たとえば年末時点の借入残高が3000万円であれば、3000万円×0・7％＝21万円を、所得税や住民税から差し引きます。年収が500万～600万円くらいの方は納税額も増えてきますので、①よりは②が減税額を決めるケースが増えてきます。

そして③の「借入上限額×0・7％」ですが、住宅ローン減税の対象となる住宅ローンには、「借入上限額」という制限が設けられています。年収が高くて高額ローンを組める人は、借入上限額が減税額の上限となるでしょう。

図 76：物件の種類による借入上限額の違い（新築）

環境性能		一般世帯	子育て・若者夫婦世帯※	控除期間
高	長期優良住宅・低炭素住宅	4,500万円	5,000万円	13年
	ZEH水準省エネ住宅	3,500万円	4,500万円	
	省エネ基準適合住宅	3,000万円	4,000万円	
	その他の住宅	0円※※	0円※※	

※「19歳未満の子を有する世帯」または「夫婦のいずれかが40歳未満の世帯」
※※ 2023年末までに建築確認を受けた場合 2,000万円

出所：国土交通省

借入上限額は図76の通り物件の種類によって異なり、基本的に環境性能が高いほど借入上限額が増えます。なお、中古住宅では借入上限額が低くなり、控除期間も10年間と短くなります(図77)。

さらに具体的に住宅ローン減税額の目安を計算する方法を確認していきましょう！　今回は次を前提とします。

- 年収：500万円（所得控除は基礎控除と社会保険料控除のみの前提）
- 年末時点の借入残高：3500万円（年収倍率7倍）
- 単身世帯
- 長期優良住宅を取得

図 77：物件の種類による借入上限額の違い（中古）

環境性能（高↑）	借入上限額	控除期間
長期優良住宅・低炭素住宅	**3,000万円**	**10年**
ZEH水準省エネ住宅		
省エネ基準適合住宅		
その他の住宅	**2,000万円**	

出所：国土交通省

先ほど説明した三つの計算を順番にしていきます。まず年収から所得税と住民税の目安を計算すると、所得税は年間13万７８００円、住民税は年間24万５３００円です。

ただし、住民税はすべてが住宅ローン減税の対象になるわけではなく、最大９万７５００円までしか控除を受けられません。これを反映すると減税額は、「所得税13万７８００円＋住民税９万７５００円＝23万５３００円」（①の計算）となります。

次に、年末時点の借入残高３５００万円に０・７％を掛けると、24万５０００円（②の計算）。そして最後に長期優良住宅の借入上限である４５００万円に０・７％を掛けた31万５０００円（③の計算）です。

というわけで、①、②、③を比べてもっとも金額が小さな23万５３００円が、この場合の住宅ローン

図 78：減税額のイメージ図

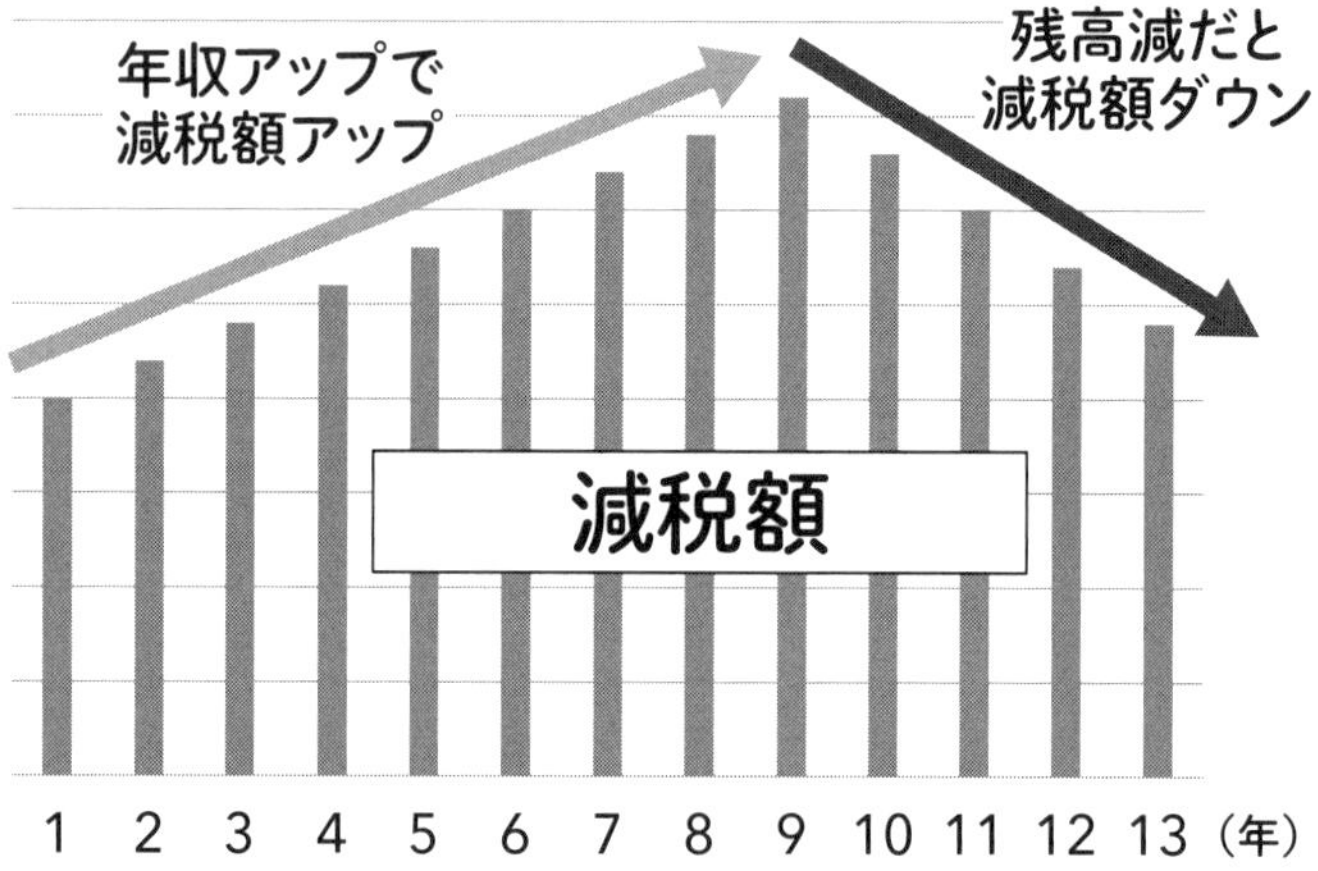

出所：筆者作成

減税額の目安になります。

住宅ローン減税の効果は最長13年にわたって毎年計算されるため、もしも①が上限になっている場合、年収が上がっていくと減税額は増えていきます。その一方で返済が進んでいくと住宅ローンの借入残高が減るため、やがて②が上限になって減税額も減少していく……という山なりの推移になるイメージを持っておくといいと思います（図78）。

住宅ローン減税の仕組みはたびたび変わります。本書でお伝えした条件や計算は２０２４～２０２５年に入居した場合のものですが、２０２６年以降はどうなるかは不明です。財務省や国土交通省、国税庁のホームページなどに改正情報が掲載されますので、２０２６年以降の住宅購入をお考えの方は、最新情報をチェックしてください。

最後に、耳より情報として「一体いくら借りれば、住宅ローン減税を満額受けられるか」のシミュレーション結果もお伝えします。

住宅ローン減税ですが、理論的には借入限度額×０・７％が最大値です。これを13年間（中古は10年間）連続して受けると満額を得たといえます。ですので、満額を得るための作戦は、借入限度額よりも多めに住宅ローンを借りておき、徐々に元本を返済し、ちょうど控除最終年の13年目（中古は10年目）の年末ローン残高が借入限度額と同じになればいいのです。

この作戦において、一体いくら住宅ローンを借りておけばいいのか、当初借入額の目安を図79と図80にまとめました。ぜひ参考にしてください。

図 79：住宅ローン減税を満額得るために必要な当初借入額（新築）

借入限度額	控除額（年）	控除総額	当初借入額（目安）
5,000万円	35万円	455万円	7,707万円
4,500万円	31.5万円	409.5万円	6,936万円
4,000万円	28万円	364万円	6,165万円
3,500万円	24.5万円	318.5万円	5,395万円
3,000万円	21万円	273万円	4,624万円

出所：著者作成

図 80：住宅ローン減税を満額得るために必要な当初借入額（中古）

借入限度額	控除額（年）	控除総額	当初借入額（目安）
3,000万円	21万円	210万円	4,099万円
2,000万円	14万円	140万円	2,733万円

出所：著者作成

第8章

どの銀行がおすすめ？

住宅ローンは選べる！

住宅ローンを組んだことのある人は、借りる銀行をどうやって選んだか覚えていますか？　きっと、「何となく不動産会社から紹介された銀行に申し込んだ」という方が大半なのではないでしょうか。

しかし、それはとてももったいない！　なぜなら全国には８００以上の金融機関があり、不動産会社紹介の住宅ローンよりも条件がいいものが見つかる可能性が十分にあるからです。不動産会社が紹介するローンからしか選べないなんてルールはなく、ご自身で自由に選ぶことができます。

繰り返しになりますが、住宅ローンは金額が大きく返済期間が長いので、わずかな金利差で総返済額がかなり変わってきます。たとえば元本３５００万円で０・１％低い金利で住宅ローンを組めば35年間の総返済額で約70万円もの差がつきます。

住宅ローンは一般商品（コモディティ）であり、水や電気と同じようなものです。メガバンクから借りる３５００万円も、ネット銀行から借りる３５００万円も基本的には変わりません。であれば、しっかりとローンを比較して、金利が少しでも安いほうを選ぶべきでしょう。加えて、金利だけでなく他の商品性も注目すべきです。団信の保障内容や審査の柔軟性など、住宅ローン借入れや返済において重要ポイントがいくつかあります。

ちなみに、私自身のことをお話しすると、東京の地方銀行「きらぼし銀行」のがん団信付き変動金利を借りています。

「え！　モゲ澤さん、低金利のネット銀行じゃないの⁉」と思う方もいるかもしれませんが、これから説明するようにトータルの損得をきちんと計算して決めています。

私が購入したのは中古物件で、リフォームする前提でした。そのため、金利そのものはネット銀行より高かったものの、「リフォーム費用も住宅ローンに含められる」という理由できらぼし銀行で借りることにしたのです。きらぼし銀行を利用したことで、リフォームに必要な費用400万円までも住宅ローンの低金利で借りることができました。

ネット銀行のほうがきらぼし銀行よりもさらに金利が低いのですが、実際はこれだけではトータルの損得はわかりません。

私の場合、もしネット銀行に申し込んでいたら、リフォーム費用400万円は現金で用意しなければいけなかった可能性があります。でも、きらぼし銀行でリフォーム費用を借りることができたので、手元資金を400万円多く残すことができました。

では、その400万円を資産運用に回してみたらどうなるでしょうか？　年間2％の複利で35年間運用した場合で試算すると、リターンは約400万円！　しかも400万円のローンはがん団信つきですから、「借りて運用する」ことにさらに旨みが増します。

このリターンを考えると、ネット銀行を選択して金利を下げるよりも、多少金利が高くともきらぼし銀行でリフォーム込みで借りたほうが有利ということがわかりますよね。

住宅ローンを借りるときは金利比較はもちろん大事ですが、「自分にとって一番お得な銀行はどこ？」と広い視点で考えるのが大切です。そのためには、団信の条件やリフォーム対応などの審査面含め、銀行の特徴を細かくチェックする必要があります。

業界構造と主要銀行の比較

住宅ローンを扱う銀行は数が多いので、まずは業界構造を押さえておくと選択しやすくなります。

具体的には、「金利が低い金融機関ほど審査が厳しく、金利が高い金融機関は審査が柔軟である」という関係を押さえておきましょう。

何となく「ネット銀行は審査が緩そう、リアル銀行（有店舗銀行）は審査が厳しそう」

図81：住宅ローンの業界構造

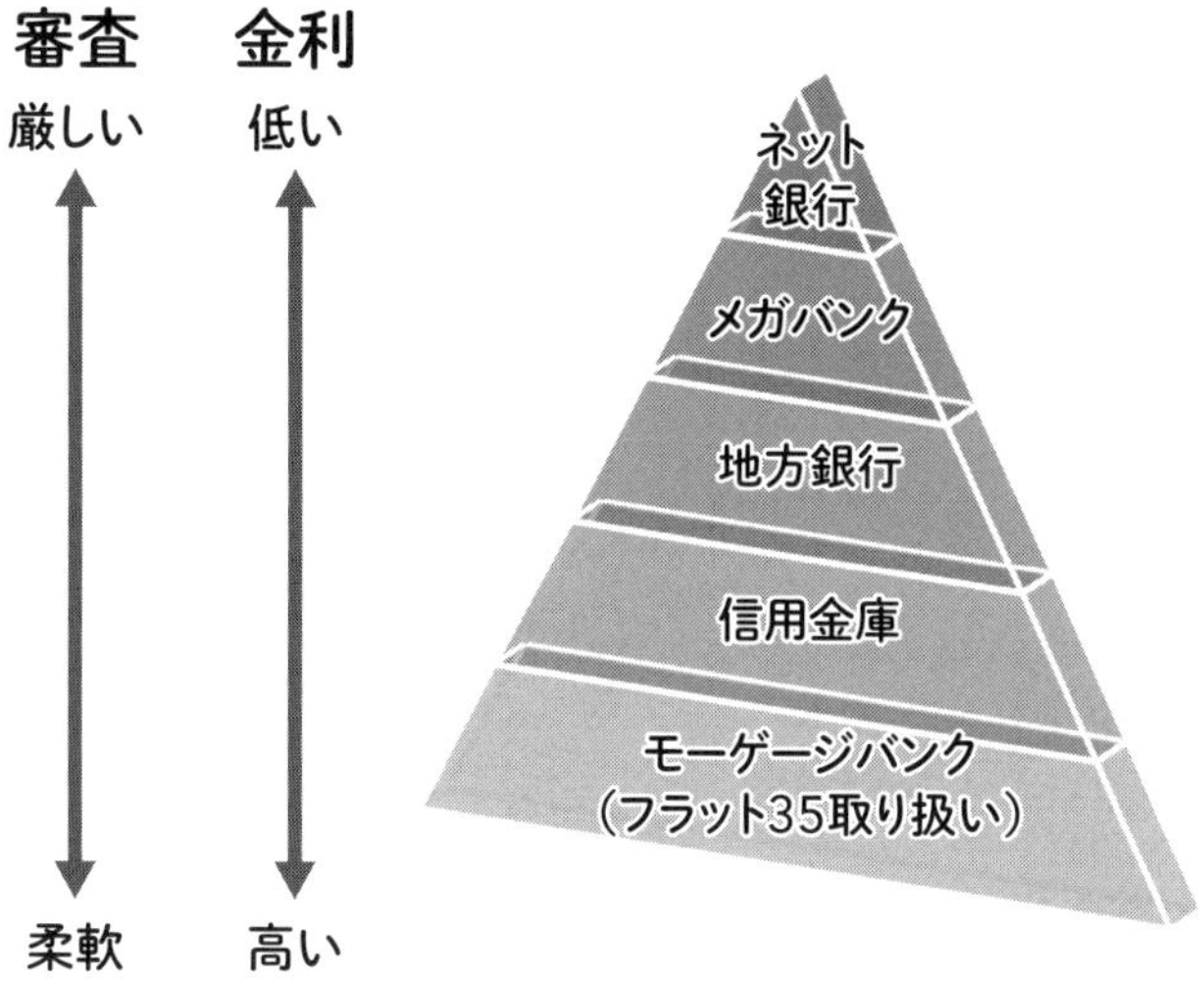

出所：モゲチェック

というイメージを持たれている方がいますが、完全に逆です。ネット銀行は貸し倒れしない人（例：公務員、会社員、士業など）に絞って貸し付けるというビジネスモデルで低金利を実現しており、そのため審査が厳しいです。ゆえに自営業や法人役員の方はネット銀行の審査は厳しいでしょう。

以下、メガバンク、地銀、信用金庫……と続き、住宅金融支援機構のフラット35は金利が高いものの審査が非常に柔軟になっています（図81）。

住宅ローンの審査は入試のようなものと説明しましたが、その意味では低金利の住宅ローン審査は東大受験みたいなもので（実際は東大ほど難しくは

がある場合は最安金利商品の情報を記載）

イオン銀行	楽天銀行	三菱ＵＦＪ銀行	三井住友銀行	みずほ銀行	りそな銀行
0.430%	0.556%	0.345%	0.475%	0.375%	0.340%
3,771万円	3,852万円	3,716万円	3,800万円	3,735万円	3,713万円
89,776円	91,724円	88,478円	90,469円	88,935円	88,402円
不要	不要	不要	不要	不要	不要
借入金額×2.20%（税込）	一律330,000円（税込）	借入金額×2.20%（税込）	借入金額×2.20%（税込）	借入金額×2.20%（税込）＋33,000円（税込）	借入金額×2.20%（税込）＋55,000円（税込）
一部繰上：無料 全額繰上：55,000円（税込）	無料	一部繰上：ネット無料 全額繰上：16,500円（税込）	一部繰上：ネット無料 全額繰上：ネット5,500円（税込）	一部繰上：ネット無料 全額繰上：33,000円（税込）	一部繰上：ネット無料 全額繰上：窓口11,000円（税込）～（金利タイプによって異なります）
最短即日	銀行にご確認ください	最短即日	銀行にご確認ください	最短即日	1～3営業日

ます。なお、複数商品がある場合は最安金利商品の金利を記載。

図 82：比較表（物件価格の100%として3,500万円を新規借入れした場合。複数商品

銀行名	auじぶん銀行	住信SBIネット銀行	SBI新生銀行	PayPay銀行	ソニー銀行
変動金利の適用金利*	0.319%（住宅ローン金利優遇割でさらに最大0.15%引下げ）	0.320%	0.290%	0.380%	0.397%
総返済額	3,699万円	3,700万円	3,681万円	3,738万円	3,749万円
毎月返済額	88,083円	88,098円	87,644円	89,011円	89,271円
保証料	不要	不要	不要	不要	不要
銀行事務手数料	借入金額×2.20%（税込）	借入金額×2.20%（税込）	手数料定率型：借入金額×2.20%（税込） 手数料定額型：55,000円（税込）～	借入金額×2.20%（税込）	借入金額×2.20%（税込）
繰上返済手数料	一部繰上：無料 全額繰上：固定金利特約適用中の場合は33,000円（税込）	一部繰上：無料 全額繰上：固定金利特約適用中の場合は33,000円（税込）	無料（別途費用がかかるケースもあり。詳細は銀行HPをご覧ください）	一部繰上：ネット無料 全額繰上：33,000円（税込）	無料
仮審査結果までの日数	当日～3営業日	最短即日	銀行にご確認ください	1～5営業日	最短即日

出所：モゲチェックおよび筆者による調査（2024年3月22日時点）　＊最下限金利を記載。審査結果によって異なる場合があり

ないですが……）、きちんとした準備が必要です。年収を上げたり、カードローンを完済したり、夫婦で力を合わせたり、戦略的に合格を狙いたいところです。

さらには「すべり止め」もきちんと考えておきましょう。たとえば不動産会社が紹介するローンと、自分で探したローンを両方申し込んでみるのはおすすめです。

不動産会社の紹介ローンはやめたほうがいいというわけではなく、手続きが楽だったり、審査で便宜を図ってくれたりといったメリットもあります。そのため、本命の住宅ローンを狙いつつ、紹介ローンをすべり止めとして考えておくのも一手です。同時並行で2〜3行に申し込んで、審査結果が最も有利な銀行を選ぶのが、私は一番いい方法だと思います。

それでは、あなたにとって最適な銀行を選んでいただくために、主要なネット銀行とメガバンクを11行ピックアップして比較してみました。細かい条件は図82を見ていただくとして、図には記載できない銀行ごとの特徴や変動金利商品の具体内容を説明します（情報はすべて2024年3月1日時点）。なお、住宅ローンの条件は毎月変わることがありますので、実際に申し込むときは銀行ホームページなどで最新情報を確認しておいてください！

ａｕじぶん銀行

ａｕじぶん銀行は、ＫＤＤＩと三菱ＵＦＪ銀行が50％ずつ出資して設立したネット銀行です。数あるネット銀行のなかでも、スマホで使えるサービスの充実度や使いやすさは業界トップクラスです。

ＫＤＤＩは通信事業をはじめ、さまざまなサービスを運営しているので、住宅ローンを組み合わせることでお得度を高めることができます。

たとえば住宅ローンとａｕ回線のセット契約で受けられるサービス「ａｕモバイル優遇割」を使うと、ローンの適用金利から年０・０７％引き下げられます。さらに、ａｕエネルギー＆ライフ株式会社が提供する電力サービス「じぶんでんき」と住宅ローンのセット契約なら、「じぶんでんき優遇割」が適用され、年０・０３％の金利優遇を受けられます。この他にも、ネットやＴＶのサービスとの併用割引もあり、それぞれの優遇を組み合わせることで適用金利を最大年０・１５％引き下げることができます。

ａｕじぶん銀行の住宅ローンはもともと低金利ですから、さらに各種サービスと一緒に利用をすると他の追随を許さない低金利となります。

ａｕじぶん銀行の住宅ローンは団信も充実しています。借入時満50歳以下であれば無料で「がん50％保障＋４疾病50％保障＋全疾病長期入院保障（精神障害を除く）」が付帯します。金利を0・05％上乗せすればがん100％保障に変更でき、0・15％上乗せだとがん100％保障団信プレミアム（がん100％保障＋4疾病100％保障＋全疾病入院保障）も利用可能です。

住信SBIネット銀行

住信SBIネット銀行は、他の銀行に先駆けて、金利上乗せなしの全疾病保障団信を打ち出しました。その住信SBIネット銀行が、2023年3月に東証スタンダード市場に上場したのを機に、驚異的な団信保障つき住宅ローンのオンライン販売を開始しました！それが「スゴ団信」です。

スゴ団信は、一般団信（死亡または所定の高度障害状態）と全疾病保障が基本付帯となり、金利上乗せなしで保障を受けられます。すごいのは、40歳未満ならさらに「3大疾病の50％保障」が無料でついてくるのです！（40歳以上の場合は＋0・25％の金利上乗せ）。

がん50％保障がつくネット銀行はいくつかありますが、スゴ団信は脳卒中・急性心筋梗塞にも条件を広げ、しかもそれが無料というのがポイントです。また、3大疾病の100％保障を40歳未満なら年0・2％、40歳以上なら年0・4％の上乗せでつけることができます。

年齢制限なしで全疾病保障団信をつけられることも大きな強みです。他行の場合、50歳未満などの条件があるのが普通ですから、50歳以上で住宅ローンを組む方にも住信ＳＢＩネット銀行はおすすめです。なお、住信ＳＢＩネット銀行の商品はＳＢＩマネープラザの各店舗でも申し込みできます。対面相談したい方にはおすすめです。

SBI新生銀行

２０２３年1月に名称が新しくなったＳＢＩ新生銀行（旧新生銀行）は、住宅ローン商品に非常に力を入れています。

ＳＢＩ新生銀行は低金利に加えて審査が柔軟という大きな特徴があります。具体的には、「旧耐震基準の物件」「転職前後の借入れ」「単身者」「自営業・法人役員」といった、通常は住宅ローン審査を通りにくいケースでも柔軟に審査してもらえる点です。また、リノベ・リフォームの融資にも住宅ローン金利が適用されたり、借り換え時に住宅ローンの返済期間延長ができるケースもあるなど、さまざまな魅力があります。非常に注目の銀行です！

また、変動金利の商品には手数料の「定率型」と「定額型」の2種類あります。定率型は一般的な商品と同様に、借入れ時に諸費用（事務手数料）が元本の２・２％分かかります。定額型は借入金額がいくらであっても事務手数料が定額（5万5000円～）になりますが、定率型よりも金利が年0・23％高く設定されています。

定率型と定額型、どちらを選ぶのがお得かは返済期間によります。基本的には、長く借りる人は定率型を、繰上返済や借り換えで短期間の借入れとなる人は定額型のほうが有利です。私が試算した結果では「約10年以内に住み替えなどでローン完済予定の人」は諸費用が安い定額型がおすすめです。逆に、約10年以上住んで長期返済する場合は金利が安い定率型を選びましょう。

ＰａｙＰａｙ銀行

ＰａｙＰａｙ銀行の住宅ローンは、業界最低水準の金利かつ団信が充実しているのが特徴です。団信の種類は5種類ありますが、がん保障のつく団信がお得で、無料でがん50％保障がつき、がん１００％保障もわずか金利０・１％の上乗せでつけられます。

また、がん１００％保障にはがん診断給付金があり、がんと診断されたら１００万円が給付されます。ただし、上皮内がん・皮膚がんの場合には給付金は50万円になります。

注意したいのは、他銀行と同じく、ＰａｙＰａｙ銀行のがん50％保障・がん１００％保障・11大疾病保障団信には年齢制限があり、51歳未満しか加入できません。50歳を境に保障内容が大きく変わってしまうので、40代後半の方は早めの検討をおすすめします。

ほかの特徴としては、「定額自動入金サービス」が挙げられます。これは他の銀行の口座から毎月手数料無料でＰａｙＰａｙ銀行の口座へ自動振替してくれるサービスです。たとえば給料を他銀行で受け取っている人は、その銀行から自動的に住宅ローンの返済額をＰａｙＰａｙ銀行に移してもらうと残高不足を防げて便利です。

ソニー銀行

ソニー銀行も住宅ローンに力を入れています。保障内容が充実した団信があり、０・１％上乗せでがん１００％保障をつけられる他、わずか０・２％の金利上乗せでワイド団信が使えます（０・３％上乗せの銀行が一般的）。健康不安のある方はソニー銀行のワイド団信はおすすめです。

また、がん団信に加入した場合、がんと診断されたら住宅ローン残高が0円になるだけでなく、がん診断給付金として１００万円が給付されます（上皮内がん・皮膚がんの場合は50万円）。さらに女性の場合は入院すると一時給付金として10万円を受け取ることができ、たとえば出産時に帝王切開になった場合でも適用される保障の幅広さもポイントです。

ソニー銀行では団信保障の上限を完済時年齢85歳未満としています（多くの銀行は80歳

未満)。これによって50歳近い年齢で住宅ローンを借りても35年ローンを組めますし、高齢でも団信保障がつく安心感があります。

審査においてもソニー銀行ならではの特徴があります。一般的に転職直後の住宅ローン審査は不利になりがちですが、ソニー銀行の場合は転職後の見込み年収で審査してくれるなど柔軟に審査してくれるケースがあります。また、住み替え時も、現住居のローンと新住居のローン二つ(いわゆるダブルローン状態)になるケースでも、柔軟な融資判断をしてくれる特徴があります。

イオン銀行

イオン銀行はイオングループの銀行です。ショッピングセンターなどの大型商業施設に有人店舗を設けており、対面でのサービスを受けられ、インターネットバンキング機能の拡充も図っているので、対面とネットのよさがミックスされています。

イオン銀行の店舗やコールセンターは365日年中無休で利用できますし、店舗は主にイオンモールなど大型商業施設に設置されているため、仕事帰りや買い物帰りに相談や申し込みをしやすいのではないでしょうか。

そんなイオン銀行の住宅ローンは、イオングループ全体(イオン、マックスバリュ、まいばすけっとなど）でのサービス特典を受けられる点が特徴です。

イオン銀行の住宅ローンを利用すると、「イオンセレクトクラブ」という特典がつき、イオングループでのお買い物がセレクトクラブカードのクレジット払いで毎日5％オフになったり、WAONポイントが2倍になったり、定期預金の金利優遇を受けたりといったメリットがあります。さらにイオンゴールドカードセレクトを発行してもらうことができ、旅行傷害保険の無料付帯や空港ラウンジサービスなども利用できるようになります。

このような特典があるので、イオングループでよく買い物をする人にはとくにメリットが大きな住宅ローンといえるでしょう。

楽天銀行

楽天銀行は、ECで最大のシェアを持つ楽天グループの銀行で、国内ネット系銀行で最大級の1500万口座の利用者を有し、楽天グループの展開する金融事業の中核となる役割を担っています。

楽天銀行の住宅ローンの大きな特徴として、事務手数料が定額33万円（税込）であることが挙げられます。他の多くの住宅ローンの事務手数料が借入額に連動する定率型なので、借入額が大きくなればなるほど、相対的に楽天銀行の住宅ローンがお得になります。

団信については、全疾病保障とがん50％保障が無料付帯されています。これに年０・２％の金利を上乗せすると、がん１００％保障にグレードアップすることが可能です。ただし、これらのがん保障は融資実行日の年齢が満50歳以下でなければ利用できません。

楽天銀行ならではの特典は、楽天会員ランクに応じて最大2万ポイントをもらえることです。優待ページからのエントリーが必要になるので忘れないようにしましょう。

三菱ＵＦＪ銀行

メガバンクの三菱ＵＦＪ銀行は住宅ローンの取扱残高が２００７年3月以来、トップの座にいます。変動金利は、ネット銀行の最安水準と遜色ない金利を提示しており、魅力的な水準です。

三菱ＵＦＪ銀行の住宅ローンの団信は3種類あり、保障がもっとも手厚いものが「７大疾病保障付住宅ローン ビッグ&セブン〈Ｐｌｕｓ〉」です。この団信はさらに「３大疾病保障充実タイプ（金利上乗せ型）」と「保険料支払型」の2種類に分かれており、とくに注目したいのは前者です。

これは通常の住宅ローン金利に年０・３％を上乗せすることで保障が厚くなる団信で、90日間の待機期間後にがんと診断された場合や、脳卒中・急性心筋梗塞で入院した場合にその時点で住宅ローンが0円になります。さらに、高血圧性疾患・糖尿病・慢性腎不全・肝硬変の四つの生活習慣病で所定の就業不能な状態が続いた場合にも保障があります。

とくに助かるのは、脳卒中・急性心筋梗塞になった場合、「入院のみで」住宅ローンがゼロになるというところ。他の銀行では60日以上就業不能状態が続いたときや、所定の手術を受けたときが条件ですが、三菱ＵＦＪ銀行は入院のみが条件ですから、他行よりもハードルが低く、万一の際の保障として充実したものになっています。

注意点としては、3大疾病保障充実タイプを利用するには、借入時年齢が満50歳の誕生日当日までという点です。申し込む場合はお早めに！

団信以外の特典としては、出産お祝いとして、1年間、年0・2％の金利優遇があります。この優遇を受けるには、出産前から出産後6か月以内に本人が申し出をする必要があります。また、月50Ｐｏｎｔａが貯まることや、三菱ＵＦＪ銀行住宅ローンご利用中にリフォームローンをネットで申し込むと年0・5％優遇してくれることもメリットです。

三井住友銀行

三井住友銀行の住宅ローンは、審査が柔軟なことが大きな特徴です。

一般的には審査に不利な、転職直後、永住権未取得、住み替え時の申し込みにも柔軟に対応してくれ、年収倍率が8倍を超えていても審査の土台にのります。

また、「土地先行融資ＯＫ」という点も見逃せないポイントです。注文住宅を買う場合には、土地を先行して購入する必要がありますが、この土地の融資を取り扱わない金融機関があるなかで、三井住友銀行は土地先行融資に対応しています。注文住宅ユーザーにはおすすめですね。

団信に関しては、「クロスサポート」という商品が特徴的です。クロスサポートは連帯債務で借り入れる方向けの団信で、たとえば夫婦二人で借り入れてどちらかに万が一のことがあった場合、夫婦両方のローン残高を0円にしてくれます。上乗せ金利が年0・18％必要になりますが、一般的な団信では万が一のことがあった人の分しか保障されませんから、クロスサポートは安心感が高いです。

クロスサポートとは別に、8大疾病保障をつけられる団信もあります。こちらは、がん（上皮内がんを除く）・急性心筋梗塞・脳卒中の3大疾病に加えて、高血圧性疾患・慢性腎不全・慢性膵炎・糖尿病・肝硬変の5疾病に対する保障が手厚い団信です。さらに年0・1％の金利を上乗せすると、これらの8大疾病以外にも日常のケガや病気まで保障を拡大できるオプションもあります。年齢が46歳未満かどうかで保障内容が大きく異なり、46歳未満のほうが充実しています。借りるならお早めに！

なお、三井住友銀行には「自然災害時返済一部免除特約」という保障も用意されていて、年0・1％の金利上乗せで、地震や台風などで自宅が半壊以上の罹災となった場合に住宅ローンの返済を一部免除してくれます。一般的な地震保険の場合、火災保険の最大50％かつ5000万円までしか保障されませんので、自然災害時返済一部免除特約があると、被災時の自己負担を抑えることができます。

最後に、Oliveでのポイント還元の特典もあります。ぜひチェックしてみてください。

みずほ銀行

みずほ銀行は3メガバンクの一角を占める金融機関です。店舗を幅広く展開するメガバンクでありながら業界最低水準の低金利を実現しており、AIによる事前審査を行うという、他にはないユニークな特徴を備えています。

みずほ銀行の住宅ローンの団信は4種類あり、このうち「がん100％保障」は年0・1％の金利上乗せで加入できてお得です。このがん団信は、以前は借入時年齢が46歳未満でなければ利用できなかったのですが、2023年12月1日以降の新規借入分から51歳未満まで範囲が拡大しました。

次に、みずほ銀行は「AI事前診断」によって住宅ローンを借りられるかを気軽に調べられるサービスを提供しています。このサービスを利用すると、最短1分で融資承認確率の確認ができ、条件を変えて再度シミュレーションを行うこともできます。ぜひ試してみてください。また、ＡＩ事前診断で借入れ方が決まったら、そのまま本審査に進めます。最後に注意事項です。適用金利がわかるのは本審査が終わった後です。ウェブサイトでは低金利が表示されていますが、本審査結果によって変わる可能性があるので、その場合はあらためて他銀行の金利と比較するようにしましょう。

りそな銀行

りそな銀行は住宅ローンにとくに注力しており、「団信革命」は業界でもトップクラスの充実度を誇る保障を備えた商品です。

団信革命でカバーするのは、がんと診断された場合や急性心筋梗塞や脳卒中に罹患し所定の状態に該当したときだけではありません。「要介護2以上の介護状態」や「ケガや病気による障害状態」までもカバーしており、これらの状態になると、たとえ要介護状態や障害状態から回復して仕事復帰できた場合でも、住宅ローン残高が0円となります。この団信革命に加入するには、年0・25％もしくは0・3％の上乗せ金利が必要です。

なお、りそな銀行には「りそなＳＸ住宅ローン」と「女性向け住宅ローン」というユニークな商品もあります。

「りそなSX住宅ローン」は、ＺＥＨ（ゼッチ）住宅など、環境性能の高い住宅を購入する人に向けて作られています。これを利用すると、特別優遇金利で住宅ローンを組めるほか、太陽光発電設備を住宅に設置した場合には3年間の日照補償が無料で付帯します。日照保障とは、1年間の実際の日照時間と基準日照時間の差が30時間以上になった場合、1時間当たり１００円を補償金として支払うというものです。

女性向け住宅ローン「凛ｎｅｘｔ」には、就業不能時に備えられる保険が無料で付きます。疾病や障害により30日を超えて仕事ができなくなった際に、最長で12か月の保険金が支払われ、さらに金利を０・１５％上乗せで3大疾病保障特約も付けることが可能です。乳がんや子宮頸がんのような女性特有のがんに備えることができるのは心強いですね。

また、土日祝日も対面相談できるのも強みです。一般の銀行の窓口対応時間は平日9時～15時ですが、りそな銀行の一部店舗では、17時以降や土日祝日でも住宅ローン専門スタッフが対応しています。

図 83：モゲチェックのトップページ

住宅ローン選びにモゲチェック

いよいよ、この本も最後のところまで来ました。

ここまでお読みいただけたのであれば、きっと住宅ローン選びのコツを掴まれていると思います。その知識を活かせば、より経済的に豊かになれるでしょう。

とはいえ、各銀行のウェブサイトをチェックして比較検討するのは、結構大変ですよね……。そこでぜひご活用いただきたいのが、私も運営に携わっている住宅ローン比較診断サービス「モゲチェック」です！（図83）

モゲチェックの柱となるサービスは、住宅ローンを一目で比較できるランキング、そして、あなたにピッタリな銀行を見つけてくれる住宅ローン診断サービスです。

ランキングでは最新金利や返済額の確認はもちろん、銀行によってはモゲチェック特別金利もあります。

ちなみにモゲチェックのランキングでは、団信の保障内容の価値を金利換算し、適用金利から差し引いた実質的な金利コスト（実質金利）を算出しています。団信の保障内容が異なると銀行間で比較しづらいのですが、モゲチェックではこの実質金利を用いてお得なローンを選ぶことが可能です。

そして、住宅ローン診断サービスではさらに踏み込んで、お客様情報と銀行の審査基準をもとにＡＩが各銀行の融資承認確率を判定します。そして審査に通りうる銀行から金利と団信の条件のいいものを選べます。また、住宅ローンアドバイザーにメッセージで相談可能ですので、気になることがあればぜひお問い合わせください。

そして、不動産投資に興味がある方は、「INVASE（インベース）」で、投資物件や不動産投資ローンの紹介をしています。ぜひこちらもご覧ください。

モゲチェック

INVASE

おわりに

最後までお読みいただき、ありがとうございました!

住宅ローンに関して私がお伝えしたいことはすべてこの本に書きました。

きっと、住宅ローンの見方が変わり、「やむを得ず利用するもの」から「活用のし甲斐がある金融商品」というイメージになったのではないでしょうか。

何となく金利上昇に不安を感じていた方も、きちんと数字に落とし込んでシミュレーションを示しましたので、モヤモヤした感覚が少しでもクリアになっていれば嬉しいです。

住宅ローンのことを深く知ると、インフレとデフレの違い、金利の意味、保険、税金など幅広い金融リテラシーを自然と身につけることができます。金融知識は教科書的に学ぶと難しく感じるものですが、住宅ローンという身近なものに照らし合わせると頭に入りやすいですよね。まさに、「金融教育は住宅ローンから始まる」です。

それでは、最後にこれだけを覚えて本を閉じてください。

・賃貸よりも持ち家が有利

・住宅ローンは借り続けるメリットがある
・バブル並みの好景気が来ない限り、金利が多少上がったとしても固定金利より変動金利が有利

そして、金利上昇リスクを理解したうえで変動金利を借りるのであれば、

・借り過ぎない（年収倍率5倍まで、最大でも7倍）
・ローンを比較して、よりよい条件のものを選択する
・低金利で浮いたお金を使って、中長期で投資する

これこそが、あなたの家計を守る術となります。

今後、金利が多少上下したとしても、慌てる必要はありません。この本に書いた内容は経済環境が大きく変わらない限り崩れませんから、決してあわてないことが大切です。みなさんが住宅ローンで悩んだとき、最適な行動を取るために、この本を読み返していただければと思います。

なお、YouTube「住宅ローンアナリスト塩澤」やX（旧Twitter、アカウント名「モゲチェ

ック塩澤」）では最新の住宅ローン情報を配信していますので、フォローください。

本書を通して、金融リテラシーを身につけ、令和の新時代を自信を持って歩める人が一人でも増えることを切に願っています。


そして、私の執筆活動を支えてくれた方々に御礼を申し上げたいと思います。

夫婦共働きのなか、妻には家事や育児を肩代わりしてもらいました。おかげさまで本に集中することができ、感謝の気持ちしかありません。妻の支援がなければ、そもそもこの本は世に出すことができなかったと思います。本当にありがとうございました。

ダイヤモンド社の横田編集長とライターの小林さんはまさに戦友です。横田さんからのメッセージ・構成・編集アドバイスや、小林さんによる原稿作成は、まさに一流のプロの仕事でした。スピーディーにクオリティ高いアウトプットに仕上げていただき、ありがとうございました！　また次も一緒にお仕事ができればと思います。

そして、ＭＦＳの中山田さん、鈴木さん、堀江さん、市川さん、中村さん、小島さん、池田さん、箱田さん、渕ノ上さん、後藤さん、みなさんのおかげで本当に素晴らしい本を出すことができました。また、pamxy社の八子さんと中島さん、そしてライターの生津さんにも大変お世話になりました。ありがとうございます！